일에서 충만함을 찾는 법
How to Find Fulfilling Work

How to Find Fulfilling Work

Copyright © Roman Krznaric
All rights reserved.

Korean translation copyright © 2013 by Sam & Parkers Co., Ltd.
Korean translation rights arranged with Macmillan Publishers Ltd.
through EYA(Eric Yang Agency).

이 책의 한국어판 저작권은 EYA(Eric Yang Agency)를 통해 Macmillan Publishers Ltd.와
독점계약한 '(주)쌤앤파커스'에 있습니다. 저작권법에 의하여
한국 내에서 보호를 받는 저작물이므로 무단전재와 무단복제를 금합니다.

인생학교 |일|

일에서 충만함을 찾는 법

로먼 크르즈나릭 지음 | 정지현 옮김

THE
SCHOOL
OF LIFE   쌤앤파커스

인생학교 |일|
일에서 충만함을 찾는 법
2013년 1월 11일 초판 1쇄 | 2025년 5월 21일 23쇄 발행

지은이 로먼 크르즈나릭 **옮긴이** 정지현
펴낸이 이원주

기획개발실 강소라, 김유경, 강동욱, 박인애, 류지혜, 고정용, 이채은, 최연서
마케팅실 양근모, 권금숙, 양봉호 **온라인홍보팀** 신하은, 현나래, 최혜빈
디자인실 진미나, 윤민지, 정은예 **디지털콘텐츠팀** 최은정 **해외기획팀** 우정민, 배혜림, 정혜인
경영지원실 강신우, 김현우, 이윤재 **제작실** 이진영
펴낸곳 ㈜쌤앤파커스 **출판신고** 2006년 9월 25일 제406-2006-000210호
주소 서울시 마포구 월드컵북로 396 누리꿈스퀘어 비즈니스타워 18층
전화 02-6712-9800 **팩스** 02-6712-9810 **이메일** info@smpk.kr

© 로먼 크르즈나릭 (저작권자와 맺은 특약에 따라 검인을 생략합니다)
ISBN 978-89-6570-111-8 (13840)

- 이 책은 저작권법에 따라 보호받는 저작물이므로 무단전재와 무단복제를 금지하며, 이 책 내용의 전부 또는 일부를 이용하려면 반드시 저작권자와 ㈜쌤앤파커스의 서면동의를 받아야 합니다.
- 잘못된 책은 구입하신 서점에서 바꿔드립니다.
- 책값은 뒤표지에 있습니다.

쌤앤파커스(Sam&Parkers)는 독자 여러분의 책에 관한 아이디어와 원고 투고를 설레는 마음으로 기다리고 있습니다. 책으로 엮기를 원하는 아이디어가 있으신 분은 이메일 book@smpk.kr로 간단한 개요와 취지, 연락처 등을 보내주세요. 머뭇거리지 말고 문을 두드리세요. 길이 열립니다.

살아가면서 부딪히는 여러 가지 문제들, 인생의 중요한 순간마다 마주하는 문제들을 어떻게 바라보고 대응해야 할까? 이제까지 배운 것이 '지식'이라면, 지금은 '지혜'를 배워야 할 때다. 인생학교는 충만하고 균형 잡힌 인생을 위해서 반드시 한 번쯤 고민해봐야 할 주제들, 섹스, 돈, 일, 정신, 세상, 시간에 관한 근원적 탐구와 철학적 사유를 제안한다. 인생의 모든 순간을 지배하는 이 6가지 핵심주제에서 뽑아낸 통찰과 지혜는 삶의 질을 높이고, 일상적 사유의 깊이를 더해줄 것이다.

'인생학교The School of Life'는 2008년 영국 런던에서 처음 문을 열었다. "배움을 다시 삶의 한가운데로!"라는 캐치프레이즈 하에 세계적인 베스트셀러 작가 알랭 드 보통을 중심으로 삶의 의미와 살아가는 기술에 대해, 그리고 인생에서 부딪히는 여러 가지 문제들에 대해 강연과 토론, 멘토링, 커뮤니티 서비스 등을 제공하는 '글로벌 프로젝트'다. 거침없는 주제의식과 본질을 꿰뚫는 독특한 관점, 지적이고 명쾌한 해답을 도출하는 강연과 토론이 특히 유명하다. 영국과 미국은 물론, 스웨덴, 네덜란드, 브라질, 오스트레일리아, 터키 등으로 퍼져나가며 진정한 '인생학교'를 갈구해왔던 세계 각국의 독자들로부터 큰 반향을 불러일으키고 있다. 알랭 드 보통은 시리즈 전체의 기획자이자 에디터가 되어 각 주제를 책으로 엮었다.

한 인간을 완전히 뭉개버리고 파괴하고 싶다면
무시무시한 살인자라도 벌벌 떨 만한 가장 끔찍한 형벌을 내려라.
전혀 무익하고 의미 없는 일을 하게 만드는 것이다.

도스토옙스키|Fyodor Mikhailovich Dostoevskii

《인생학교》
나는 이렇게 읽었다

THE SCHOOL OF LIFE
IDEAS FOR LIVE BY

| 조정민 목사, 전 iMBC 대표 | 끝없는 배움의 길을 걸으며 우리는 갈등한다. 무엇을 얼마나 언제까지 배워야 하나. 속 시원히 인생길을 가리키고 가르치는 곳은 없을까. 《인생학교》는 이 시대의 키워드를 중심으로 인생의 피할 수 없는 길에 분명한 이정표를 세운다. 어디서 멈추어야 지나온 길을 되돌아보고 앞길을 내다볼지를 안내한다. 인생에 길을 잃었거나 방향이 혼란스럽다면 《인생학교》 클래스에 함께 참여하기를 부탁드린다. 급변하는 시대의 새로운 인생 강좌, 그 여섯 개의 팻말과 강의가 궁금하지 않은가.

| 혜민 스님, 〈멈추면, 비로소 보이는 것들〉 저자 | 어른이 되어 인생을 살아가다 보면 왜 정작 학교에선 이런 것들을 가르쳐주지 않았을까 하는 것들이 있습니다. 예를 들어, 어떻게 하면 직장 안에서 내가 하는 일의 성과와 만족 사이에서 균형을 맞출 수 있을까? 혹은 어떻게 하면 우리가 용기를 내어 세

상을 좀 더 나은 곳으로 변화시킬 수 있을까? 살아가는 데 절대적으로 필요악이라고도 할 수 있는 돈은 과연 우리 인생에서 어떤 의미를 가지고 있을까? 이런 질문들 말입니다. 어떻게 보면 일상의 아주 평범해 보이는 주제를 비범한 시각으로 깊이 있게 다룬, '인생학교' 시리즈 책들을 여러분께 권합니다.

| **권민, 〈유니타스브랜드〉 편집장** | '인생은 어렵다'라는 것을 인정하면, 자유롭고 단순한 삶을 누릴 수 있다. 그리고 '인생은 학교다'라는 것을 깨닫게 되면, 그 즉시 겸손과 열정을 가질 수 있다. 그렇다면 인생이라는 고된 수업에서 우리는 무엇을 배워야 할까?《인생학교》에서는 자신을 배워가는 관점을 알려준다. 무한 경쟁사회를 살고 있는 사람들의 인생은 남들과 같아지기를 혹은 남들보다 뛰어나기를 추구하고 있다. 그러나 이 시리즈에서는 '자기다움으로 남과 다른 인생을 사는 방법'을 소개하고 있다. 인생학교의 전공필수와 같은 이 여섯 권의 책들은, 심장은 뛰지만(생존하고 있지만), 가슴이 뛰지 않는(존재하지 않는) 오늘날의 현대인이 반드시 읽어야 할 심폐소생술과 같다.

인생을 위한 통찰과 지혜의 레퍼토리, 인생학교를 더욱 깊숙이 읽는 법

| 김미경, 아트스피치 & 커뮤니케이션 원장 | 출간 전부터 큰 화제를 모았던 이 시리즈를 맨 처음 만났을 때, 내가 제일 먼저 집어든 것은 바로 이 책이었다. '인생에서 일이 갖는 가치와 의미'에 관해 이렇게 철학적으로 명쾌하고 세련되게 규명한 책이 또 있을까? 내가 누누이 말했듯, 천직은 찾는 게 아니라 스스로 만드는 것이다. 이 책을 읽고 나면 당신이 어떤 일을 하든 '지겨운 밥벌이'가 아닌 '가슴 뛰는 천직'이 될 것이다.

| 김경주, 시인, 극작가 | 만일 당신이 지금 자신이 하고 있는 '일'에 대해 회의나 환멸을 갖고 있지만 그럼에도 불구하고 당신의 '일'을 당장 그만두지 못하는 처지라면 이 책은 당신에게 잠들기 전 침대 옆에서 작은 위로가 되어줄지 모른다. 하지만 만일 당신이 어떤 일을 해야 할지 선택을 앞두고 있거나 앞으로 하고 싶은 '일'에 대해 고민 중이라면 당신의 대화 한가운데, 당신의 밥상 한가운데 당신의 가방 한쪽에서 이 책의 엄청난 질적 공세(?)를 피하기 힘들 거라고 확신한다.
이 책은 '일'거리를 찾는 자에게는 아무런 답을 제공해주지 못할지도 모른다. 이 책은 '일'을 찾아주는 구직용 책이 아니라 어떤 '일'을 가능하게

하는 마법의 책일 테니까. 저자는 이 책을 통해 애초부터 인간이라는 존재는 '일'을 해야만 하는 존재가 아니라 일을 '선택'하는 존재라는 놀라운 원초적인 발상을 우리에게 다시 가능하도록 하는 희망을 던져주고 있다. 언제나 한없이 지겨운 것이었거나 기능에만 종속되었던 '일'에 관한 이야기를 펼치면서 이토록 따뜻하면서도 사려 깊고 열정적인 책을 만나는 것은 쉽지 않은 일이다.

오늘날 우리 사회의 이면엔 일자리를 얻는 것보다 일자리를 잃는 것을 더 두려워하면서 지내야 하는 슬픔이 도사린다. 이 책은 우리가 왜 일과 인생을 통해 끝까지 자존감을 잃지 않은 채 살아가야 하는지를 우리 삶의 작은 일상에서부터 다시 질문을 던지고 새로운 자아를 제시하는 책이다. 이 책을 읽을 당신에게 지금 무슨 '일'이 일어나고 있는가?

| 권영민, 상상univ. 운영사무국 | 대기업에 취업하기 위해 오늘 하루도 스펙과의 전쟁을 치르고 있는가? 그렇다면 이 책은 당신을 위한 책이다. 이 책은 앞으로 삶의 큰 부분을 차지하게 될 '일'에 대해 열정을 가지고 도전할 수 있도록 가이드라인을 제시한다. 이 책을 통해 당신은 제2의 인생을 '상상'할 수 있는 '용기'를 선물 받게 될 것이다.

목차

Chap 1 **시작하며 :
성취감이 아니면 죽음을!**

지금 하는 그 일, 행복한가요? · 19
　돈과 의미 사이의 저울질 · 19
　더 이상 몰입할 수 없는 일 · 21
　자유로웠던 나는 어디에? · 24

의미 있는 직업을 찾아서 · 26
　지나친 기대? · 28
　성취감의 요소와 그것을 찾는 법 · 31

Chap 2 **천직을 찾기는
왜 이렇게 어려운가?**

자유를 누리기란 얼마나 힘든지 · 43
너무 많은 선택지 중에서 골라야 한다 · 48
너무 이른 나이에 골라야 한다 · 58
과학적인 선택 기준이 없다 · 66
어떤 성취감을 원하는가? · 75

Chap 3 무엇이 당신을 일하게 하는가?

우리가 일하는 다섯 가지 이유 · 81

뭐니 뭐니 해도 '돈' · 84
쾌락의 쳇바퀴에서 벗어나라 · 85

사회적 '지위'가 자존감을 높여준다 · 89
'지위'가 아니라 '존경'을 얻어라 · 92

세상에 '기여'하고 싶다 · 95
기회는 사방에 있다 · 97
수익과 사회적 기여를 동시에 · 101

'열정'과 '재능'을 좇아서 · 107
좁고 깊게? 두루 넓게? · 110

여러 개의 자아를 상상하라 · 118
선택지도 만들기 · 119
상상의 직업 나열하기 · 121
나만의 구직광고 만들기 · 123

Chap 4　먼저 행동하고 나중에 고민하라

새 길을 떠날 용기를 주소서 · 129

변화가 두려울 수밖에 없는 이유 · 132

1년에 30개의 직업 가져보기 · 137
근본적 안식기 갖기 · 142
가지치기 프로젝트 · 143
대화 리서치 · 146 나는 몰입한다, 고로 존재한다 · 153

Chap 5　당신의 일은 속박인가, 자유인가?

일하면서 자유를 느끼는 법 · 165

무정부주의자, 스스로 직업을 만들다 · 169

노동윤리는 잊고 적당히 게으르게 · 179

두 마리 토끼를 잡는다는 것은 · 194
당신이 아닌 사회의 딜레마 · 196
엄마에게만 맡겨진 토끼 사냥 · 199
육아를 독립된 직업으로 · 201
직업의 새로운 방향을 제시하는 육아 · 205

얽매인 노예로 살지 말라 · 207

Chap 6 마치며 : 찾는 게 아니라 키워가는 것

여전히 두려운 이유 · 213

천직은 천천히 만들어진다 · 215
목적이 이끄는 삶 · 217
마리 퀴리와 삶의 의미 · 219

당신을 묶고 있는 밧줄을 잘라내라 · 225

더 찾아보면 좋은 자료들 · 232
주註 · 237

일러두기

- 본문 중 책 제목은《 》로, 논문과 잡지명은〈 〉로 표시했습니다. 책의 경우 한국어판이 출간된 책은 한국어판의 제목만 표기했고, 그렇지 않은 경우는 한글로 직역한 제목과 영어로 된 원서 제목을 병기했습니다.
- 영화 제목과 노래 제목, 드라마 제목, 뮤지컬 제목, 미술 작품명 등은 ' '로 표시했습니다.
- 저자의 주註는 전체 원고 뒷부분에, 옮긴이의 주는 각 장의 말미에 수록했습니다.

How to Find Fulfilling Work
Roman Krznaric

THE SCHOOL OF LIFE

시작하며 :
성취감이 아니면 죽음을!
The Age of Fulfillment

Chap 1

지금 하는 그 일,
행복한가요?

돈과 의미 사이의 저울질

롭 아처Rob Archer는 영국 리버풀의 주택가에서 자랐다. 실업률이 50%에 달하고 헤로인이 주요 산업으로 자리 잡은 동네였다. 롭은 그곳에서 벗어나고자 죽기살기로 공부해 대학에 진학했고, 졸업 후에는 원하던 대로 런던의 경영 컨설팅 회사에 취직했다. 컨설턴트로서 그의 삶은 성공적이었다. 고액 연봉을 보장해주는 든든한 클라이언트는 늘 있었다. 가족 모두 그를 자랑스럽게 여겼다. 당연한 일이었다. 고향 친구들 중에서 그만큼 성공한 사람은 없었으니.

그러나 롭은 행복하지 않았다.

"행복해야 마땅했는데, 불행했어요. 지식경영이라든지 IT처럼 아는 게 하나도 없는 최신이론에 대해 마치 전문가인 양 설명해야 했죠. 그러나 정작 전 제 일에 아무런 흥미도 느끼지 못했어요. 아무리 애써봐도 아웃사이더 같은 느낌을 지울 수 없었습니다."

처음에는 자신의 감정을 외면하려고 안간힘을 썼다고 했다.

"사실 직업이 있다는 것만으로도 감사한 일이잖아요? 하물며 전 '좋은' 직업이 있으니 불평해서는 안 된다고 생각했죠. 그래서 딴생각 안 하고 적응하는 데만 최선을 다했습니다. 그 방법도 먹히지 않을 땐 주말만 기다리며 버텼어요. 그 세월이 10년이었어요. 그 정도면 생활에 적응할 만도 한데, 안 되더라고요. 결국 몸이 버티지 못하고 만성 스트레스에 불안증세가 나타났어요. 어느 날 가슴을 쥐어짜는 듯한 고통이 와서 비서에게 앰뷸런스를 불러달라고 했어요. '이렇게 죽는구나' 하는 느낌이 들면서 겁이 더럭 나더라고요. 의사는 공황장애라고 했어요. 다행히 죽을병은 아니었지만, 더 이상은 버틸 수 없다는 걸 깨달았죠."

롭은 병원에서 돌아와 사표를 던지고 자유를 찾아 떠났을까? 아쉽게도(?) 그러지는 못했다.

"결코 간단한 상황이 아니었어요. 대안이라고는 직업을 바꾸고 처음부터 새로 시작하는 것뿐이었는데 아무리 생각해도 불가능해 보였습니다. 사표를 던진다는 건, 어릴 때 그렇게도 벗어나려고 애썼던 리버풀의 불안정한 삶으로 돌아간다는 뜻이었으니까요. 절대로 그렇게는 살기 싫었어요. 어떻게 안전하고 편안한 삶을 불확실한 삶과 바꾸겠어요? 지금까지 일궈온 것들을 전부 내버려야 하잖아요? 게다가 일자리를 구하지 못해 힘들어하는 사람들이 이렇게 많은 세상에서 '의미'니 '성취감' 타령은 사치처럼 느껴져서 죄책감도 들었고요. 할아버지였다면 그렇게 태평한 상황에서 불평하셨을까? 가혹하게도 인생은 돈과 의미 중 하나를 선택하게 만들더군요."

더 이상 몰입할 수 없는 일

사미라 칸Sameera Khan이 변호사가 되기로 결심한 것은 열여섯 살 때였다. 원래 인권 문제와 국제사면위원회에 관심이 많았던 데다 TV 드라마 'LA의 법LA Law'에 푹 빠진 덕분이었다. 하지만 무엇보다 파키스탄과 동아프리카계 인도 출신의 이민자인 부모님을 기쁘게 해주고 싶은 마음이 컸다. 사미라의 부모는 1960년대에 영국으로 이민 와서 공장 노동자로 시작해 지금은 두 분 모두 사회복지사로 자리 잡았다.

사미라는 영국에서 태어나 영국식 교육을 받았지만, 그녀에게는 부모의 권위에 기꺼이 따르는 동양적 가치관이 내재돼 있다. 언제나 착한 딸이었던 그녀는 직업을 택할 때도 물론, 부모의 바람을 십분 고려했다.

"부모님께서는 변호사나 의사, 회계사 같은 전문직이 성공의 기준이에요. 그 기대는 물론 제 결정에 150% 영향을 미쳤죠."

사미라는 법을 공부하고 변호사 자격을 갖추는 데 20대를 온전히 쏟아부었다. 그리고 부모의 기대를 저버리지 않고 헤지펀드 기업의 변호사로 취직했다. "전 모든 걸 가진 여자였어요. 돈 잘 버는 전문직 도시 여성. 머리로 하는 그 일을 사랑했어요."

그런데 변호사가 된 지 5년 만에 갑작스러운 변화가 찾아왔다.

"신혼여행을 가서 시칠리아의 해변에 앉아 있는데 갑자기 깨달음의 순간이 찾아왔어요. 뭔가 잘못됐다는 걸 알았죠. 결혼이라는 인생의 거사를 치르고 행복에 겨워야 할 때였는데 그렇지 않았어요. 변호사라는 꿈도 이루고 평생의 동반자까지 곁에 있으니, '이만 하면 내 인생은 완벽해'라고 불꽃이 팍팍 튀어야 하는 거 아닌가요? 그런데 그런 느낌이 전혀 없었어요.

해변에 앉아 곰곰이 생각해보니 문제는 바로 제 일이었어요. 제 일의 미래가 너무도 확실하게 보였는데, 그게 끔찍하더라고요. 앞으로 40년 동안 책상에 앉아서 부자들의 배를 더 불려주면서 보낼 게 빤하잖아요. 그 일이 과연 절 행복하게 할까요? 아닌 것 같았어요. 변호사가 되려고 그렇게 노력했는데, 누구보다 변호사들을 동경해왔는데, 이제 와서 그런 생각이 드니 당황스러울 수밖에요. '부자들의 집사 노릇을 하는 게 이 일의 전부는 아닐 거야'라고 위안도 해봤지만 '이게 전부일까? 이 일이 내 삶의 전부인 걸까?' 하는 비관론이 항상 이겼어요. 제 직업이 무의미하다는 생각이 드니까 제 자신을 지탱할 힘이 없어지더라고요.

다른 직업이요? 아뇨, 법이 아닌 다른 일은 생각하기조차 두려웠어요. 법은 곧 제 자신이었거든요. '사미라 칸'이라는 사람을 설명할 때 빠뜨릴 수 없는 부분이라고 생각했어요. 저 말고도 많은 변호사들이 법과 자신을 동일시하는 경향이 있어요. 아마도 변호사가 되기 위해 오랜 시간 동안 모든 것을 희생해가며 공부해온 기억 때문일 거예요. 법이라는 정체성을 잃는다면 발가벗은 듯 공허함을 느낄 게 분명했어요. '변호사가 아니라면 난 뭐지? 난 누구지?' 신혼여행을 마치고 직장에 복귀했지만, 예전처럼 고민 없이 일하는 건 이미 불가능했죠. 직업에 대한 확신을 잃어버리고 절망에 빠져드는 저 자신을 보면서도 어떻게 해야 할지 몰랐어요. 한 번은 하도 답답해서 구글에 '자기 직업이 싫어질 때는 어떻게 해야 하나요?'라고 검색까지 해봤다니까요."

자유로웠던 나는 어디에?

이아인 킹Iain King은 언제나 평범하지 않은 길을 걸어왔다. 고등학교 졸업 후 1년 동안 유럽 전역을 여행하며 물구나무선 채 기타를 치며 공연을 했다. 대학에 재학 중이던 1990년대 초 어느 여름, 이아인은 친구 한 명과 터키에서 이라크 북부로 건너갔다. 그곳에서 쿠르드족 분리독립 운동단체와 가까워져서 기관총과 미사일 발사대가 탑재된 지프를 타고 함께 이동하기도 했고, 납치될 위기에서 간신히 벗어나기도 했다.

훗날 이아인은 학생 신문을 창간했다. 그러나 신문은 6호를 끝으로 폐간됐고, 그는 어느 정당의 연구원으로 자원봉사를 했다. 진로 계획이라고는 거의 세워놓지 않은 그였지만 마침내 UN을 비롯한 여러 국제기구의 평화구축 전문가로 활동하기에 이르렀다. 코소보에 새로운 통화 단위를 소개하는 데 힘을 보태고, 아프가니스탄의 최전선에서 군인들과 함께 일하기도 했다. 바쁘게 활동하는 틈틈이 철학책도 집필했으며 시리아 다마스쿠스에 있는 국외이주자 공동체에서 1년 동안 아기들의 아빠 노릇을 해주기도 했다.

그러던 그에게 크나큰 변화가 찾아왔다. 아내가 둘째아이를 임신한 것이다. 4인 가족의 가장에 걸맞은 역할을 하기 위해 그는 불확실한 프리랜서 일을 그만두고 (한 번도 그렇게 살아본 적은 없지만) 런던에서 안정된 직장을 얻어 가족을 부양하기로 결심했다.

그는 영국 정부의 해외 인도주의 정책에 자문을 해주는 공무원이 되었다. 그는 만나는 사람들에게 매우 열정적으로 자신의 직업을 설명했다. 흥미로운 사안을 접하고 자신에게 자극과 영감을 주는 사람들도 많이 만날 수 있는 데다, 자신이 몸으로 부딪쳐 얻은 분쟁상황에 대한 지식을 활용할 수 있는 일이라고 말이다. 물론 겉으로 드러나지 않는 불편함도 있었다. 공무원이라는 직업은 아무리 생각해도 그가 알고 있는 자신의 모습과 맞지 않았으니까. 일과 자아가 일치하지 않았던 것이다.

"흥미로운 직업이고 보람도 있지만, 솔직히 저 같은 사람에게는 좀 평범한 게 사실이죠. 이 직업이 '변하지 않는 진정한 나permanent me'라고 느껴지지는 않아요. 아침 출근길에 지하철에 앉아 있다가 문득 창문에 비친 제 모습을 볼 때가 있어요. 양복을 차려입은 40세의 백인 중산층 남성이고 런던의 평범한 교외에 살고 있죠. 그 평범한 남자를 보고 있자면 '지하철에서 물구나무서서 기타를 치던 남자는 어디 갔지?' 하는 생각이 들어요.

비록 겉모습은 이렇지만, 전 한순간도 제가 평범한 사람이라고 생각해본 적이 없어요. 지금도 물론 그렇고요. 모순이죠. 하지만 어쩌겠어요. 현재 시점에서는 '모순'이라는 단어가 주는 불편함을 받아들일 수밖에 없겠죠. 먹여 살려야 하는 어린 자식들이 있는 데다 아내도 일을 쉬고 있어서 당분간은 평범하게 살 수밖에 없을 것 같아요. 하지만 가끔 '정말 죽을 때까지 이 일을 계속해야 하나?' 하고 걱정이 되는 건 사실이에요."

의미 있는 직업을 찾아서

성취감을 느끼게 해주는 직업, 심오한 대의가 깃들어 있고, 자신의 가치관과 열정, 성격의 장점을 십분 발휘할 수 있게 해주는 직업을 동경하는가? 지금의 따분한 일에서 벗어나, 당신의 진가를 밝혀줄 일을 찾고 싶은가?

이른바 '천직'에 대한 열망은 철저히 현대에 등장한 발명품이다. 1755년에 출판된 새뮤얼 존슨Samuel Johnson의 사전에 '성취fulfillment'라는 단어는 나오지도 않는다.[1] 수세기 동안 사람들은 대부분 실질적인 욕구를 충족하기 바빴다. 먹고사는, 말 그대로 '생존'의 문제 말이다. 그런 마당에 재능을 십분 활용하고 행복을 만끽하게 해주는 흥미로운 직업인지 따질 여유가 있었을까? 직업을 행복이나 자아성취의 길로 인도하는 모험으로 여기게 된 것은 물질적으로 풍요로워지고 심적 자유가 생기기 시작한 현대에 들어와서의 일이다.

그래서 사람들은 말하기 시작한다. 돈보다 삶의 의미를 얻는 것이 일의 참 가치라고. 그런 일을 찾아 자아실현을 하는 것이 일생의 꿈이 되어버린 '성취감의 시대'가 새롭게 시작됐다. 롭과 사미라, 이아인 모두 두둑한 월급과 안정성이라는 구시대적인 혜택을 제공하는 근사한 직업만으로는 만족하지 못한다. 주택 대출금을 갚고 좋은 음식을 먹는 것도 중요하지만 존재의 욕망을 채우는 일이 더욱 시급하기 때문이다.

이것이 비단 이 세 사람만의 생각이겠는가? 나는 이 책을 집필하기 위해 12개 이상의 나라에서 수많은 사람들과 직업과 일의 의미에 대해 대화를 나눴다. 스트레스에 시달리는 은행원, 자정 넘어서야 피곤에 찌든 몸을 이끌고 집으로 향하는 웨이트리스, 눈덩이처럼 불어난 학자금 대출을 갚기 위해 아르바이트로 연명하며 허덕대는 젊은 대학 졸업자들, 5년 넘는 경력단절기를 극복하고 어떻게든 다시 직장을 구하려고 고군분투하는 전업주부에 이르기까지. 지금은 돈 때문에 어쩔 수 없이 일을 하거나 구하고 있지만, 그들은 모두 내게 '돈을 뛰어넘는 가치'가 있는 직업을 갖고 싶다고 말했다. 개인적 열망의 크기나 지식의 많고 적음과는 하등 관계없이, 사람들은 모두 천직을 원하고 있었다.

지나친 기대?

그러나 대부분의 사람들은 성취감을 만끽하는 직업을 찾지 못한다. 인생의 비극은 여기에 있다. 하루 중 3분의 1을 일터에서 보내는데, 그 일이 내 기대를 전혀 충족시키지 못한다는 것이다. 우리 중 일부는 직업을 선택할 기회 자체가 없었거나, 자신감이 부족해서 감동이라곤 찾아볼 수 없는 직업에서 벗어나지 못하고 있었다. 물론 기나긴 시행착오를 거쳐 진정으로 사랑하는 일을 찾은 용감하고 운도 좋은 사람들도 만나보았다. 그러나 여전히 절대다수가 어디 있을지 모르는 이상향을 찾아 헤매는 중이며, 어디서부터 탐색의 길을 시작해야 할지 몰라 난감해하고 있었다.

무엇보다도 내가 만난 거의 모든 사람들이 현재의 직업이 자신이 충만한 삶을 사는 데 기여한 게 하나도 없다는 고통스러운 사실을 자각한 경험이 있었다. 어느 날 문득 다람쥐 쳇바퀴 돌듯 의미 없는 일상이 반복되고 있다는 깨달음이 찾아와 걷잡을 수 없는 패닉 상태에 빠지기도 한다.

직업을 바꾼다면 만사 해결될까? 그렇지 않다는 것을 직업을 바꿔본 사람들은 모두 안다. 직업을 바꾸는 과정은 결코 순탄하지 않으며, 해피엔딩으로 끝나는 찬란한 이야기도 아니다. 수십 수백 번의 고민과 두려움, 그리고 주위 사람들의 반대와 우려를 무릅써야 하는 고된 분투의 과정이다. 설령 한 치의 망설임 없이 결단을 내렸다 해도 그 실행과정은 결코 호락호락하지 않다.

그들의 경험담은 현대의 일터에 역사상 유례없는 두 가지 치명적인 유행병이 번지고 있음을 보여준다. 바로 직업에 대한 불만족과, 올바른 직업을 선택할 수 있는 방법이 모호하다는 불안감이다. 일터에서 자신이 수행하는 역할에 대해 성취감을 느끼지 못하고 갈팡질

팡하는 사람들이 이렇게나 많아진 것은 역사상 처음 있는 일이다. 직업 만족도를 묻는 설문조사에서 절반 이상이 자신의 직업에 만족하지 못한다고 대답한다. 유럽 전역을 대상으로 이루어진 연구에서는 노동자의 60%가 기회가 주어진다면 다른 직업을 선택하겠다고 대답했다. 미국인들의 직업 만족도는 45%에 그치고 있다.[2] 미국 정부가 해당 데이터를 보관하기 시작한 1990년대 이래 가장 낮은 수치다.

직업에 대한 불안에 일조하는 것은 '평생직장' 개념의 실종이다. 우리 아버지 세대는 20대 초반에 회사에 입사하면 그곳에서 은퇴하는 게 일반적이었다. 이제 그런 직장은 존재하지 않는다. 더욱이 최근에는 '평생직업'이라는 개념조차 20세기의 유물로 사라져가는 추세다. 직업의 평균 지속기간은 고작 4년밖에 되지 않는다. 우리의 바람과 다르게 우리는 계속 선택을 하며 살 수밖에 없다. 유목민처럼 이 직업 저 직업 떠돌며 단기 계약직이나 임시직으로 살아가는 사람들이 태반이다.[3] 직업 선택은 더 이상 여드름투성이 10대 청소년과 세상물정 모르는 20대 초반의 애송이 시절에 내리는 결정이 아니다. 그것은 우리가 일하며 살아가는 동안 끊임없이 맞닥뜨리는 평생의 딜레마가 됐다.

이처럼 성취감 있는 일을 하고 싶다는 욕망은 우리의 기대 속으로 깊이 스며들었다. 그러나 활력과 성공의 느낌으로 충만하게 해주는 직업을 찾는 것이 정말 가능할까? 값비싼 사교육을 받거나 아기를 위한 요가 카페 같은 '한가한' 일을 벌일 수 있을 만큼 경제적으로 풍요롭거나 사회적 인맥을 갖춘 몇몇 특권층에만 허용되는 유토피아적 이상은 아닐까? 21세기 초반 서구사회에 불었던 보보스Bobos® 열풍처럼, 경제적으로 풍요로운 사람이 정신적으로도 자유롭게 살고 싶어 하는 사치스런 욕망을 우리처럼 평범한 사람들도 품고 있는 것은 아닌가 말이다.

성취감의 요소와 그것을 찾는 법

'이상적인 직업'을 대하는 사람들의 태도는 크게 두 가지로 나뉜다. 첫 번째는 '억지로 웃어가며 참기'다. 기대 따위는 최대한 억누르고 현실을 받아들이는 것이다. 인류에게 일은 언제나 고역이었으며, 이는 미래에도 변함없으리라는 것을 아는 관점이다. 성취감 운운하는 허황된 꿈일랑 잊어버리고 '일은 피할 수 있으면 피해야 할 필요악'이라는 마크 트웨인Mark Twain의 명언을 신봉하는 자의 세계관이기도 하다.

실로 인류 역사를 돌이켜보면 피라미드 건설에 강제로 동원된 수십만 명의 인력에서부터 오늘날의 장래성 없는 단기 저임금 서비스 인력에 이르기까지, 일의 역사는 보람 없는 고통으로 가득하다. '일'이라는 단어 자체에 그 역사가 들어 있다. 일을 뜻하는 러시아어 '로보타robota'는 노예를 뜻하는 라브rab에서 유래한다. 라틴어 '라보르labor'는 고역이나 고생을 의미하며, 프랑스어 '트라베유travail'는 고대 로마시대 고문에 사용된 3개의 말뚝을 뜻하는 트리팔리움tripalium에 기원을 둔다.[4]

초기 기독교의 관점에서도 일은 일종의 '저주'다. 에덴동산에서 저지른 죄악에 대한 벌로 신은 인간에게 일용할 양식을 직접 땀 흘려서 마련하도록 하지 않았는가. 기독교가 구미에 맞지 않는다면 불교에서는 어떨까? 불교에서는 모든 생명이 고통 받고 있다고 믿는다. 불교사상가 스티븐 배첼러Stephen Batchelor는 "자신이 아닌 다른 것이 되기를 원할 때 번뇌가 생긴다."고 했다.[5]

'억지로 웃어가며 참기' 학파에서는 이 모든 것이 어쩔 수 없는 숙명이므로 받아들이라고 말한다. 경제적 욕구를 충족시켜주고 일을 마친 후 '진짜 생활'을 추구할 만한 시간이 허락되는 정도라면 그냥 참으라는 것이다. 아울러 성취감의 페달을 힘껏 밟고 있는 낙관적 권위자들로부터 우리 자신을 보호하는 가장 좋은 방법은 수용 또는 체념의 철학을 발전시키고, 의미 있는 직업을 찾을 생각일랑 일절 하지 않는 것이 되겠다.

하지만 나는 이 책에서 이보다는 희망적인 관점을 말하고자 한다. 삶의 질을 높여주고 우리의 시야를 넓혀주며 더욱 인간답게 느끼게 해주는 직업을 찾는 것은 가능하다.

성취감을 주는 직업을 찾으려는 열망은 2차 세계대전 이후 서구에 널리 퍼졌다. 그 뿌리는 유럽의 르네상스 시대에 도래한 '개인주의individualism'에서 찾아볼 수 있다. 잘 알다시피 르네상스 시대에는 예술과 과학의 놀라운 진보가 이루어져 중세 교회의 교리와 사회적 순응이라는 족쇄를 끊는 데 이바지했다. 그뿐 아니라 초상화나 일기, 자서전 양식, 편지에 찍는 개인의 봉인 등 지극히 개인적인 문화의 혁신이 이루어진 시대였다. 이는 자신의 정체성과 운명을 스스로 만들어나간다는 생각을 정당화했다.[6] 우리 현대인은 그 시대의 자기표현 전통을 물려받은 셈이다. 따라서 입는 옷과 듣는 음악으로 개성을 표현하듯, 자신을 있는 그대로 원하는 대로 표현해주는 일을 찾아야 한다.

물론 현실은 동화가 아니다. 빈곤과 차별이 엄존하는 사회 테두리 안에서 살아가는 한, 누군가는 열망하는 일을 찾을 기회조차 얻지 못할 수 있다. 나도 그 점을 인정한다. 최저임금으로 가족을 부양하려 애쓰거나 경제 불황기에 지역 고용지원센터에서 줄 서서 기다리는 입장이라면, 직업을 찾으면서 삶의 질 운운하는 것 자체가 사치처럼 느껴질 터.

그러나 상대적으로 경제여건이 좋은 국가에 사는 대다수의 사람들에게는 성취감을 주는 직업이라는 개념이 결코 비현실적이지 않다. 선조들이 과거에 겪었던 고난은 오늘날 상당 부분 줄어들었다. 당신은 내일 아침에 허리도 못 펴는 방직 공장에서 14시간 동안 일하지 않으면 안 되는 처지도 아니고, 땡볕 아래에서 목화를 따는 노예도 아니다. 앞으로 살펴보겠지만, 지난 20세기를 거치면서 놀랄 만큼 넓어진 직업 선택지는 우리에게 목적의식의 가능성을 제시한다. 그렇다. 기대치가 높아졌다. 우리는 예전 세대보다 일에서 더욱 많은 것을 기대하게 됐다. "무슨 일을 하세요?"라는 질문을 받았을 때 활기찬 표정으로 대답할 수 있어야 한다. 시간낭비에 불과하고 입안에 쓴맛만을 남기는 직업이 아니라, 진정으로 의미 있는 일을 하면서 살고 있다고 느끼게 해주는 답변 말이다.

'억지 춘향이'식 직업관 따위는 잊어버리자. 적어도 이 책을 읽을 때만큼은 그런 패배적인 생각은 사절이다. 나는 이 책을 단지 먹고살기 위한 일거리가 아니라 영혼을 전부 담을 수 있을 만큼 원대한 일을 찾는 사람들을 위해 썼다. 말하자면 직업과 자아를 최대한 일치시켜 당신이 일하는 삶에서 새로운 방향을 찾을 수 있도록 도와주는 지침서다.

이 책에서는 두 가지 필수 질문을 한 데 섞어 탐색해보겠다. '성취감을 느끼게 해주는 직업의 핵심요소는 무엇인가?'가 첫 번째 질문이다. 우리가 일에서 실제로 기대하는 것을 알아야 하는데, 거기에는 세 가지 본질적인 요소가 존재한다. 바로 의미와 몰입, 자유다. 셋 다 얻기 힘들고 추구하다 보면 양립하기 힘든 요소들 간의 긴장과 갈등이 생길 수밖에 없다. 우리는 돈과 사회적 지위를 보장해주는 직업을 택해야 하는가? 삶을 변화시킬 수 있고 명분을 추구하는 일을 하는 것은 세상물정 모르는 순진한 발상인가? 어느 한 분야에서 높이 성취하는 것high achiever이 바람직한가, 아니면 통섭의 정신으로 다양한 분야에 널리 도전하는 성취자wide achiever가 되는 편이 나은가? 직업에서 일가—家를 이루고자 하는 프로로서의 야망과 자상한 부모에게 요구되는 역할, 그리고 더 큰 자유를 갈망하는 인간적인 욕구 사이의 균형은 어떻게 맞춰야 할까?

두 번째 질문은 이것이다. 새로운 직업을 모색할 경우, '어떤 방법으로 직업을 바꾸고 그 과정에서 최선의 결정을 내릴 수 있는가?'

이 책은 누구에게나 적용되는 청사진을 제시하지는 않는다. 그것은 내 능력을 벗어날뿐더러 각자 처한 상황이 다른 독자들에게 유용하지도 않다. 다만 반드시 고려해야 할 세 단계를 말해주고자 한다.

지금 하는 일을 그만두고 새롭게 출발하는 것에 따르는 혼란과 두려움의 근원을 이해하는 것이 그 시작점이다.

그다음 단계는 자신에게 완벽한 직업이 단 하나뿐이라는 잘못된 생각을 버리고 '여러 개의 자아', 즉 우리의 인성을 이루는 여러 측면에 적합한 직업의 범위를 찾는 것이다.

마지막으로, 직업 변화의 표준 모델과 정반대로 해보는 것이다. 꼼꼼하고 조심스럽게 계획을 세운 후 행동하는 대신, 먼저 행동을 개시한다. 자기 내면의 다양한 자아를 끄집어내 실제로 실험해보는 것이다. '근본적 안식기radical sabbatical'를 고려해보는 것은 어떤가?

단지 '생계'를 꾸려나가기 위한
일거리가 아니라
영혼을 전부 담을 수 있을 만큼
원대한 일을 찾을 수 있다!

'공중묘기Aerial silks artist' ⓒ Thomas Barwick

이제부터 레오나르도 다빈치Leonardo da Vinci나 마리 퀴리Marie Curie, 아니타 로딕Anita Roddick 같은 사람들의 삶을 살펴보면서 영감을 얻고 앞에서 던진 질문의 답을 찾아볼 것이다. 철학자와 심리학자, 사회학자, 역사가들의 문헌에서 인문학적 통찰을 얻는 한편, '나만의 구직 광고 만들기' 같은 실용적이면서 지적 상상력을 자극하는 과제로 생각을 분명하게 정리하고 우리가 원하는 직업 선택지를 구체화해갈 것이다.

또한 내가 만난 사람들의 생생한 이야기도 물론 소개할 예정이다. 서른 번째 생일을 앞두고 자신에게 1년에 30가지 직업에 도전해보는 선물을 준 벨기에 여성, 장례지도사라는 보람 있는 직업을 찾은 호주의 전직 냉장고 수리공을 비롯해 평범한 사람들의 놀라운 직업 선택 분투기에서 우리가 새겨야 할 조언이 무엇인지 생각해보는 시간도 갖고자 한다. 저널리스트에서 정원사, 강사에서 사회복지사는 물론이고 수박 겉핥기에 불과하기는 하지만 전화기 세일즈맨과 테니스 코치, 쌍둥이 베이비시터에 이르기까지 다양한 직업을 경험하고 실험해본 내 이야기도 소개할 것이다.

이제 잠시 후면 우리는 직업을 선택하기 어려운 이유를 탐색해보는 기나긴 여정을 시작하게 된다. 그 전에 잠깐 다음 질문에 대해 생각하는 시간을 가져보자. 혼자서만 하지 말고 당신의 친구와 의견을 나눠 본다면 더욱 좋겠다.

'현재 당신의 직업은 '당신'이라는 사람, 그 마음과 인성, 인간관계에 어떤 영향을 미치고 있는가?'

* **보보스** 부유층Bourgeois이면서도 보헤미안Bohemians적 예술감각을 추구하는 사람들을 일컫는 말. 미국 신경제의 활황이 낳은 새로운 계층이다.
** **근본적 안식기** 일상의 업무를 완전히 접고 다른 가능성을 모색해보는 것.

How to Find Fulfilling Work
Roman Krznaric

**THE
SCHOOL
OF LIFE**

천직을 찾기는
왜 이렇게 어려운가?
A Short History of Career Confusion

Chap 2

자유를 누리기란
얼마나 힘든지

　내 나이 스물세 살 때, 아버지와 함께 호주의 국립미술관에서 잭슨 폴락Jackson Pollock의 그림 '푸른 지주Blue Poles'를 감상했다. 아버지는 지주를 보니 흡사 감옥 창살 안을 들여다보는 기분이 든다고 했다. 내 느낌과는 정반대였다. 나는 내가 감옥 안에 갇힌 채 절망에 사로잡혀서 자유로운 바깥세상을 바라보는 기분이 들었다.

　아버지는 물었다.

　"어째서 그런 느낌이 드는 게냐? 네 앞에는 커다란 자유와 수많은 기회가 펼쳐져 있는데."

아버지의 말이 맞았다. 당시 나는 영국에서 대학을 졸업하고 호주와 인도네시아를 여행한 후 콜센터에서 일하며 돈을 벌었고, 국제사면위원회에서 자원봉사를 한 경험도 있었다. 그리고 마침내 런던에서 금융 저널리스트로 취직한 터였다. 객관적으로 볼 때 감옥에 갇힌 죄수에게 감정이입할 상태는 아니었다. 그러나 문제는 그 직업이 내 기대만큼 성취감을 주지 않는다는 사실이었다.

"제 앞에 놓인 선택지가 너무 많은 것처럼 느껴져요. 캔버스에 휘갈겨진 수많은 곡선은 앞으로 뭘 해야 좋을지 몰라서 혼란스러워하는 제 머릿속 같고, 저 기둥은 잘못된 결정을 내릴까 봐 두려워하는 마음 같다고나 할까요. 저널리스트가 제 천직이라는 생각은 안 들어요. 하지만 제게 꼭 맞는 직업을 어떻게 찾아야 하죠?"

"얘야, 넌 아직 젊다. 여러 가지 일에 도전해볼 수 있어. 좋아하지도 않는 일을 하면서 사는 건 아무런 의미가 없단다."

아버지는 좋은 마음에서 해주신 조언이었지만 구체적이지 못했기에 공허했다. 내 절망은 오히려 더 깊어졌다. 그래서 퉁명스럽게 대답했다.

"자유롭게 살기가 얼마나 힘든지 아버지는 몰라요."

그렇게 말하는 나 또한 무기력하게만 느껴졌다.

아버지가 내 기분을 이해하지 못했던 건 어찌 보면 당연한 일이었다. 폴란드 난민 신분으로 1951년에 호주로 건너온 아버지는 수학과 언어, 음악 분야에 재능이 있었지만 그것을 발휘할 기회가 많지 않았다. 시드니에 있는 병원에서 간호조무사로 3년 동안 일하는 강제노동의 대가로 시민권을 획득한 아버지는, 운 좋게 IBM에 회계사로 취직한 덕분에 전쟁 이후의 혼란기에 새로운 삶을 일굴 재정적 안정을 손에 넣었다. 아버지는 그 직장에서 50년 동안 일했다.

아버지에 비해 내 처지는 얼마나 자유로운가. 그런데도 그날 그림 작품을 앞에 두고 나는 너무 많은 선택지에 혼란스러워하며 무력감에 사로잡힌 채 불평을 늘어놓고 있었다. 다른 분야의 저널리스트가 내게 더 맞지 않을까? 아니면 영어 강사 자격증을 따서 스페인이나 이탈리아로 건너가서 사는 건 어떨까? 진로를 정할 때까지 임시로 테니스 강사를 하는 것도 나쁘지 않을 것 같은데? 대학원에 들어가는 건? '푸른 지주'를 아무리 열심히 바라보아도 바깥세상에서 내가 나아갈 길은 보이지 않았다.

이런 혼란에 사로잡혀본 사람이 나 혼자만은 아닐 것이다. 일말의 불확실함도 느끼지 않은 채 직업을 택하는 사람은 소수에 불과하다.

대부분은 어느 길로 가야 할지 몰라 몇 달이고 몇 년이고 고민을 거듭하고, 나처럼 진로를 정해놓고도 이 길이 맞는지 확신하지 못해 막연한 두려움에 빠진다.

우리가 이렇게 혼란스러워할 때 어떤 사람들은 이왕 가기로 한 길이니 죽이 되든 밥이 되든 끝까지 한번 해보라고 등을 두드려준다. 또 어떤 사람들은 지금이라도 늦지 않았으니 다시 한 번 생각해보라고 조언한다. 성취감을 느끼게 해주는 일을 찾는 건 이처럼 간단치 않다.

그러나 그 전에 풀어야 할 문제가 하나 있다. 어떤 직업을 선택할지 결정하기가 이처럼 힘든 이유는 무엇인가? 문제가 있으면 원인이 있는 법. 그 원인을 알아야 적절한 해법을 찾을 수 있다. 그러니 혼란의 미로에서 벗어날 방법을 찾기 전에, 먼저 혼란의 근원부터 규명해야 한다. 이 질문에 대답한 후에야 당신이 원하는 그 일을 찾을 수 있다.

어떤 측면에서 볼 때 선택지가 지나치게 넓다는 것은 문제임에 틀림없다. 서점에 가면 두툼한 직업 지침서가 수십 권 꽂혀 있다. 어느 웹사이트에서는 1만 2,000개에 달하는 직업 목록을 소개한다. 그중

'A'로 시작하는 직업만 해도 해군 이등병able seaman, 연마 및 분쇄 기술자abrasive grinder, 흡수설비 작동기사absorption operator, 아세톤 용제 회수 작업자acetone recovery worker 등 487개나 된다.[7] 이렇게 선택지가 다양한데 과연 이 중에서 무엇을 골라야 하는가? 현기증과 무력감이 찾아올 수밖에 없다.

이뿐이 아니다. 넓은 선택지 때문에 느끼는 혼란의 이면에는 직업 선택이 너무도 어려운 근본적인 세 가지 이유가 숨어 있다. 첫째, 근대 역사에서 직업 선택의 확대가 이루어졌지만 우리에게는 심리적으로 그것에 대처할 능력이 갖춰져 있지 않다. 둘째, 우리가 받은 교육, 특히 어린 시절에 '선택과목'으로 택한 교육과정이 훗날 직업의 선택지를 한쪽 방향으로 재단해버린다. 셋째, 과학적 방법이라 신봉하는 '성격검사'는 사실 우리가 찾는 직업을 정확히 알려주는 데 별다른 도움이 되지 않는다.

우리 인생의 상당 부분은 우리를 둘러싼 강제적인 힘에 의해 만들어진다는 데 동의하는가? 이 사실을 기억하고 이제부터 직업 선택 딜레마의 원인을 찾아보자. 그것이 직업 선택의 어려움을 이겨내는 첫걸음이 될 것이다.

너무 많은 선택지 중에서 골라야 한다

1716년, 당시 열 살의 벤저민 프랭클린Benjamin Franklin은 보스턴에서 아버지를 도와 양초 제조판매인으로 일하기 시작했다. 그러나 고작 2년 후 어린 벤저민은 심지를 자르고 몰드를 채워 양초를 만드는 일에 싫증이 나버려 바다로 달아날 궁리를 하기 시작했다. 아버지는 아들에게 다른 일을 찾아줘야겠다고 생각했다. 아버지와 함께 길을 가다가 벤저민은 목수와 벽돌 쌓는 직공 같은 기술자들이 일하는 모습을 보고 자신에게 가능한 선택지를 파악하게 되었다. 벤저민은 여전히 '뱃사람'을 갈망했지만, 책을 좋아하는 아들에게 인쇄업이 제격이라고 판단한 아버지는 9년 동안 수련하게 돼 있는 인쇄업 규정에 따라 아들을 인쇄소 견습생으로 보냈다.[8]

역사의 상당 기간 동안, 직업을 정할 때 사람들은 별다른 선택의 여지가 없었다. 일이라는 것은 자유와 선택이 아닌 운명과 필요의 성격을 띤 문제였다. 그리고 벤저민 프랭클린의 경우에서 보듯 그 결정은 대개 부모에 의해 이루어졌으며, 대부분의 부모들은 자식에게 가업을 물려주었다. 그러한 전통은 서구인들의 이름에서 요즘도 쉽게 찾아볼 수 있다. 대장장이를 뜻하는 스미스Smith라든가, 제빵사라는 뜻의 베이커Baker, 푸주한이라는 뜻의 부처Butcher처럼 직업을 뜻하는 성姓으로 아직까지 전해 내려온다. 여담이지만, 내 성인 크르즈나릭 Krznaric은 크로아티아에서 '모피 상인의 아들'이라는 뜻이다. 그나마 이것도 자유로운 남성들의 사정일 뿐, 많은 이들이 불행하게도 노예나 농노의 신분으로 태어났고 여성들의 일은 집안에 국한되었다.

그러나 산업혁명 이후 직업 선택의 폭이 몰라보게 넓어졌다. 이는 분명 엄청난 순기능을 했지만, 역기능도 없지는 않았다. 우리는 새로운 선택의 시대가 어떻게 출현했는지뿐 아니라, 어렵게 손에 넣은 자유 때문에 어떻게 심리적으로 억압당하게 됐는지도 알아야 한다.

직업 선택이라는 주제를 가장 먼저 진지하게 고찰한 사회사상가 중 한 명으로 칼 마르크스Karl Marx를 꼽을 수 있다. 그는 18세기와 19세기에 봉건제도가 무너지고 임금노동이 등장하면서부터 어느 정도 변화의 희망이 생겼다고 보았다. 노동자들이 저마다 '팔고자 하는 어느 시장에서든 자신의 상품을 내놓을 수 있는, 자유로운 노동력 판매자'가 된 것이다.[9] 이것은 확실한 진보다. 그러나 마르크스는 그 자유가 허구에 불과하다는 점도 지적했다. 노동력의 잠재적인 구매처가 대부분 등골 휠 정도로 힘든 산업 노동직이었기 때문이다. 결국 노동자들은 '노동력을 착취하는' 흡혈귀 같은 자본주의 체제의 노예로 전락할 수밖에 없었다. 그 당시 영국이나 프랑스, 벨기에에 사는 가난한 여성들은 높이가 80cm도 채 되지 않는 갱도를 기어 다니며 하루 12시간씩 석탄을 날라야 했다.[10]

19세기는 찰스 디킨스Charles Dickens의 소설에 나오는 것처럼 극심한 빈곤과 탄광, 방직 공장에서의 지옥 같은 노동의 시대인 동시에, 공공교육의 확대와 개인의 재능에 개방적인 새로운 직업의 등장으로 직업 선택의 혁명이 이루어진 시대이기도 하다.

특히 북유럽에서는 혈연이나 사회적 관계보다 특기와 자격 요건을 기준으로 직업을 선택하는 경우가 흔해졌다. 여전히 중산층이 이득을 보는 경우가 많았지만 하층민에게도 사회 계층의 사다리 위로 올라갈 기회가 열린 것이다. 예를 들어 영국의 공무원단British Civil Service은 경쟁시험을 통해 보직을 임명하기 시작했는데, 이러한 변화는 안락한 직업을 원하는 귀족들의 공분을 샀다. 외부인들이 법률이나 의학 분야, 성직자처럼 사회적으로 존경받는 직업군으로 비집고 들어가는 경우는 여전히 거의 없었지만, 직공이나 노동자 부모 밑에서 자랐더라도 똑똑하고 성실하기만 하면 사무원이나 세금징수원, 교사

같은 사무직으로 일할 수 있었다. 1851년에 이르러 영국에는 남녀를 통틀어 학교 교사가 7만 6,000명, 가정교사는 2만 명으로 늘어났다.[11]

직업 선택에 관해 19세기에 일어난 주요 사건이 공공교육의 확대라면, 20세기에는 일하는 여성의 숫자가 늘어난 것이었다. 1950년에 미국에서는 여성의 30%가 일을 했고 20세기 말로 접어들어 그 숫자는 두 배로 증가했다. 그러한 변화는 미국뿐 아니라 세계 전역에서 나타났다.[12]

부분적으로 그 원인은 참정권을 얻기 위한 투쟁에 기인하기도 하며, 두 차례의 세계대전을 거치는 동안 징집된 남성 대신 여성이 공장에서 일하면서 여성의 노동이 사회적으로 인정받게 된 덕분이기도 하다. 하지만 어쩌면 더욱 중요한 원인은 피임약의 영향인지도 모른다. 1955년에 피임약이 처음 개발된 이래 15년도 채 되지 않아 경구 피임약을 복용하는 여성은 2,000만 명을 넘어섰고 1,000만 명 이상이 피임 루프를 삽입했다.[13] 여성이 자신의 몸을 통제할 수 있게 됨으로써 원치 않는 임신이나 육아의 방해를 받지 않고 직업을 가질 수 있는 기회가 커졌다. 그러나 여성들이 획득한 자유는 남녀 모두에게 심각한 딜레마를 동시에 안겨주었다. 가정과 일의 균형을 맞추어야 했기 때문이다. 이 문제는 5장에서 자세히 살펴보기로 하겠다.

이처럼 대부분의 서구 국가에서 직업이 '운명'에서 '선택'으로 점차 변화했고, 21세기를 사는 우리는 그 변화의 유산을 물려받았다. 하지만 마치 실베스터 스탤론Sylvester Stallone이 연기한 '로키'의 로키 발보아처럼, 아무리 가난하게 태어났어도 아메리칸 드림을 이루고 원하는 것을 손에 넣을 수 있는 시대에 우리가 살고 있다는 말은 아니다. 슈퍼마켓 계산대에서 일하는 이주노동자나 직장에서 성공의 사다리를 올라가려고 애쓰는 여성들에게 물어보면 우리가 처한 현실을 대번에 알 수 있다. 그러나 역사적으로 볼 때 오늘날 일자리를 찾는 사람들이 100년 전보다 훨씬 많은 기회를 가지고 있다는 사실은 의심할 여지가 없다.

이러한 역사적 변화를 직접 실감해보고 싶다면 몇 세대 위로 거슬러 올라가 가족 구성원들의 직업을 써넣은 가계도를 그려보면 된다. 그런 다음 아래의 질문에 대해 생각해보자.

'당신은 지금까지 부모님이나 조부모님에 비해 얼마나 더 많은 직업 선택지를 누릴 수 있었는가?'

내 경우에도 그랬지만, 이 가계도를 보면 윗세대로 올라갈수록 직업 선택지가 점점 줄어드는 것을 알 수 있다. 당신의 할아버지는 공장주임이라는 직업에 자부심이 있었겠지만 충분히 학교 교육을 받지 못해서 승진을 못했거나 전쟁으로 야망을 꺾어야 했을 수도 있다. 당신의 어머니는 학창 시절 1등을 도맡아 하는 학생이었고 대학 진학을 꿈꾸었지만 부모님과 사회의 압박으로 일찍 결혼해 아이를 낳고 전업주부가 되었을지도 모른다. 그런 윗세대들에 비해 당신에게는 훨씬 많은 기회와 선택지가 주어졌을 것이다.

윗세대들이 보기에 당신은 행운아다. 아버지가 보기에 내가 그랬듯이. 그런데 우리는 왜 직업을 선택하고 성취감을 주는 일을 찾느라 시간을 허비하고, 힘들어하는 것일까?

심리학자 배리 슈워츠Barry Schwartz는, 현대인은 선택지가 너무 넓은 데다 거기에 능숙하게 대처하지 못하기 때문이라고 설명한다. 슈워츠는 선택권 없는 인간의 삶은 도저히 견딜 수 없지만, 선택권이 지나치게 많아도 과부하의 티핑포인트tipping point에 이를 수 있다고 말한다. 그에 따르면 "그 지점에 이르면 선택권은 더 이상 당신에게 자유를 주지 않고 오히려 약하게 만들거나 심지어 압박요인으로 작용할 수도 있다."[14]

슈워츠는 저서《선택의 심리학》에서 소비자가 매일 직면하는 선택의 과잉에 대해 이야기한다. 동네 마트에서 파는 비스킷 종류만 해도 285가지, 샐러드드레싱은 175가지나 된다는 것이다. 그는 전화 산업에 대해서도 말한다. 당신이 선진국의 국민이라면 집 전화를 설치할 때 10개 이상의 통신사 중에서 선택할 수 있다. 불과 몇 십 년 전에는 상상조차 할 수 없던 일이다. 그러나 소비자들은 저마다 다른 요금제와 옵션, 계약 규정을 제시하는 회사들 사이에서 선택하기 여간 힘든 것이 아니다. 몇 가지 선택지가 있는지 찾고 분석하는 데만도 몇 시간이나 걸린다.

슈워츠에 따르면 선택의 역설은 첫째, 너무 많은 선택권은 자유가 아닌 무기력을 초래한다. 그래서 쉽게 포기해버리고 이미 이용하고 있는 전화 회사를 그대로 이용하는 경우가 허다하다. 둘째, 설령 무기력 상태를 극복하고 결정을 내린다 해도 선택지가 적은 경우보다 결과에 대한 만족감이 떨어진다. 역설의 주요 원인은 언제나 '더 나은 선택을 할 수 있었는데'라며 이미 내린 결정을 후회하고 만족하지 못하기 때문이라는 것이다.[15]

슈워츠는 오늘날 벤저민 프랭클린의 시대에는 상상도 못할 만큼 선택의 여지가 넓어졌기 때문에 직업 결정의 이슈에서도 비슷한 현상이 나타난다고 주장한다.[16] 물론 직업 선택은 전화 사업자나 오디오를 고르는 것과는 차원이 다르다. 또한 인생사가 다 그렇듯이, 자격요건이나 경력에 따라 당신이 고를 수 있는 선택지가 제한되므로 무턱대고 가장 매력적인 조건을 선택할 수도 없다. 그러나 언제나 가능한 선택권은 있게 마련이다. 보험 중개업에서 경영 컨설팅이나 법조인, 강사 쪽으로 전업하려고 하는가? 아니면 심신의 여유를 찾기 위해 좀 더 작은 회사로 옮길 생각인가? 아예 1년 동안 여행을 하면서 머리를 식히고 싶다고? 심리학자가 되기 위해 다시 공부를 시작할 생각이라든가 정신역동psychodynamic, 행태적 접근이나 인지적 접근, 인본주의적 접근이나 인간중심 접근, 또는 이 모든 것을 통합한 접근법에 초점을 맞춘 강의를 들어볼 생각인가?

수많은 선택지 앞에 놓이면 '푸른 지주' 앞에 선 20대의 나처럼 당황할 수 있다. 마치 자동차 헤드라이트에 무방비로 노출된 산토끼처럼 심리적으로 무력해지는 경우도 제법 많다. 잘못된 선택을 하고 후회할까 봐 걱정스러운 나머지 결국 아무런 결정도 내리지 않거나 성취감과는 거리가 먼 안전하고 재미없는 현재의 직업에 무기력하게 얽매여 있게 된다.

그렇다면 현대인을 괴롭히는 선택 과잉에 대처하는 방법은 없는 걸까? 슈워츠는 크게 두 가지를 제안한다.

첫째, 선택지를 '제한'하려고 노력해야 한다. 예를 들어 옷을 사러 갈 때는 좀 더 괜찮은 디자인이나 가격을 찾아 끝없이 헤매지 말고 두 군데 매장만 들르겠다는 나름의 규칙을 세운다.

둘째, 최적화보다는 '만족'을 추구한다. 완벽한 청바지를 사려고 하기보다는 '그 정도면 괜찮은' 청바지를 사야 한다는 뜻이다. 즉 기대를 낮춤으로써 선택 과잉이 일으키는 불안과 시간낭비를 상당수 피할 수 있다.[17]

직업 구하는 건 쇼핑과 차원이 다른 문제라고? 물론 그렇다. 실제로 물건을 구입할 때는 위의 전략이 통할 수 있지만 직업에 관한 결정을 내릴 때는 그리 적절하지 않다. 선택지를 쉽게 제한할 수 있는 방법이 마땅치 않기 때문이다. A로 시작하는 직업군만 살필 수는 없는 노릇이지 않은가? 무조건 이력서를 두 군데만 보낼 수도 없고.

게다가 일은 우리의 삶에서 대단히 중요한 부분을 차지하므로 '그 정도면 괜찮은' 수준으로는 충분하지 않다. 일을 통해 나를 성장시키고 더 큰 성취감을 얻고 싶다면, 작은 만족에 안주하지 말고 보다 큰 만족을 찾으려고 노력해야 한다. 따라서 일단 성취감을 느끼게 해주

1908년 노스캐롤라이나의
어린 소녀가 방적기 앞에 서 있다.
직업 선택의 자유가 별로 없었던 시절에
서구사회에서는 이렇게 노동을 했다.

루이스 하인Lewis Hine, '방적기 앞의 소녀Girl at a Spinning Machine', 1908년 작품.

는 직업의 핵심요소를 숙고해서 선택의 폭을 좁힌 다음, 그중 가장 적절한 선택을 시험해볼 수 있는 구체적인 방법을 고안해내야 한다. 앞으로 이 책이 주로 이야기할 내용이 바로 그것이다.

너무 이른 나이에 골라야 한다

선택할 직업이 너무 많다는 것 말고 다른 원인은 없는 걸까? 성취감과 거리가 먼 직업에서 빠져나오지 못하게 만드는 데는 '너무 많은 선택지'가 주는 부담감 외에 또 다른 힘이 작용한다. 자신이 정말 좋아하고 잘하는 게 뭔지 미처 깨닫기도 전에 주입된 교육을 바탕으로 직업을 선택하고, 그 과거에 얽매여 있다는 사실이다. 우리는 자신도 모르는 사이에, 삶에 깊이 뿌리 내린 과거가 정해준 제한된 직업의 길을 걸어간다. 가슴 뛰는 삶을 살기 위해 기꺼이 감당해야 할 모험으로 나아가는 데 당연히 방해가 될 수밖에 없다.

사람들은 언제 자신의 진로를 결정하는가? 대부분 학창시절에 이루어진다. 학교 교육과정에 이의를 제기하지 않고 평범하게 자란 사람이라면 청소년 때 자신의 진로를 정하고, 이때 선택한 교육의 길은 이후 수십 년 동안 직업생활에 결정적인 영향을 미친다.

예를 들어보자. 영국에서는 학생의 80%가 직업에 '유용'하리라는 판단을 토대로 'A레벨A-level' 과목을 선택한다.[18] 이를테면 외국어 교사가 되고 싶은 학생은 프랑스어나 이탈리아어, 역사 과목을 선택한다. 그들 중 대다수는 과학 과목을 거들떠보지도 않는다. 이 학생들 중 의사나 수의사가 나올 수 있을까? 뒤늦게 의사가 되고자 하는 사람은 과학에 대한 기초지식부터 다시 배워야 한다. 이것보다 더 큰 문제는 '난 과학은 몰라'라는 생각이 머릿속에 뿌리 박혀 있기 때문에, 자신이 의사가 될 수도 있다는 가능성까지 지워버린다는 데 있다.

한편 대학에서 의학을 전공하기로 마음먹고 5~6년 동안 열심히 공부한 학생은 대부분 의사가 된다. 의사가 아닌 그래픽 디자이너나 콘서트의 세션맨session man이 될 가능성은 사실상 제로에 가깝다. 의사들이 아무리 고된 업무와 극심한 스트레스에 대해 불평해도, 다른 직업을 택할 가능성은 희박하다.

이처럼 교육은 우리를 특정한 직업군에 가두어버린다. 적어도 진로를 정하는 데 상당한 강제력을 행사한다는 것은 분명하다. 물론 우리가 자신의 성격이나 미래의 관심사를 올바르게 평가할 수만 있다면 그것은 그렇게 큰 문제가 되지 않을 것이다. 일찍 정한 만큼 일찍 자리 잡을 수도 있을 것이다. 하지만 안타깝게도 미래의 관심사를 안다는 것은 불가능하다. 그렇지 않은가? 당신은 일생 동안 당신의 가슴을 두근거리게 만드는 '의미 있는 직업'이 무엇인지, 고등학생 때나 20대 초반부터 알고 있었는가? 그때는 세상에 얼마나 다양한 직업이 있는지조차 몰랐던 시기가 아닌가? 나를 포함한 대부분의 평범한 사람들은 그 나이에 인생 경험도 부족하고, 자기 성격이 어떤지도 분명히 알지 못하기 때문에 현명한 결정을 내리기 힘들다. 적극적으로 조언해주는 사람이 곁에 아무리 많이 있어도 사정은 달라지지 않는다.

그렇다 보니 자신의 성격이나 이상, 기대와는 별로 맞지도 않는 직업을 택하고, 그 사실을 깨달은 후에는 '이미 늦었다'며 어쩔 수 없이 평생을 사는 사람들이 많다. 과거에 받았던 교육과 연결된 선택지를 벗어나기는 이처럼 어렵다.

1장에서 소개한 사미라 칸도 마찬가지였다. 그녀는 결국 용기를 내어 변호사 일을 그만두고 사회사업가로 변신하는 데 성공했다. 그녀는 내게 이렇게 말했다.

"돌이켜 생각해보면 미친 짓이었죠. 고작 열여섯 살에 변호사가 되기로 결정하다니. 평생 동안 하고 싶은 일이 뭔지 그 나이에 무슨 수로 알겠어요? 열여섯 살의 나와 마흔다섯의 나는 분명히 다르잖아요. 가치관과 견해, 동기가 같을 수 없는데 말이죠."

어린 시절에는 직업세계에 대한 지식도 부족하고 자신이 정확히 뭘 원하는지도 알기 어렵다. 그래서 이 시기에 내리는 교육과 직업에 관련된 결정은, 가족의 기대와 압박에 큰 영향을 받는다. 특히 부모가 성공했거나 이민자 집안의 자녀인 경우라면 더더욱 그러하다. 어느 통계를 보면, 영국에 사는 아시아 출신의 대학 졸업자 가운데 25%가 '부모가 직업 선택에 지대한 영향을 미쳤다'고 답했다. 아시아인이 아닌 경우는 10명 중 한 명꼴이다.

아시아 출신 부모들은 자식에게 바라는 직업도 분명하다. 24%는 의사, 19%는 법조인, 14%는 회계사를 선호했다.[19] 말이 필요 없는 '전문직'이다. 사미라의 경우도 다르지 않았다. 사미라는 변호사라는 직업이 파키스탄 출신 아버지와 인도 출신의 어머니를 기쁘게 하리라는 사실을 잘 알고 있었다. 딸이 고소득 전문직인 변호사를 그만둔다고 했을 때 부모님은 당연히 이해하지 못했다.

"도저히 이해 못하셨죠. 만약 제가 좀 더 나이가 들어 주택 대출금도 다 갚고 자식들을 전부 대학에 보낸 상태였다면 이해하셨을지도 몰라요. 하지만 그때는 안전과 편안함이 보장된 미래를 무모하게 내팽개친다고 생각하셨어요. 한편으로는 맞는 말이었지만, 제가 스무 살도 안 됐을 때 내린 결정을 생각할 때마다 넌더리가 났어요."

사실 가족의 영향력이란 태어나는 그 순간부터 서서히 약해지기 시작한다. 부모에게 의지할 수밖에 없는 십대 시절에는 부모의 의견이 선택에 큰 영향을 미치지만, 서른둘의 사미라는 더 이상 마마걸이 아니다. 자신의 의지로 싫어하는 변호사 일을 충분히 그만둘 수 있다.

그럼에도 마지막까지 그녀를 괴롭힌 것은, 부모의 반대가 아니라 변호사가 되기 위해 공부한 기나긴 '세월'이었다. 변호사의 한 길만 바라보고 살았는데, 이제 그 기간이 전부 시간낭비로 전락할지도 모른다는 사실이 그녀를 못 견디게 했다.

"변호사가 된 지 몇 년 되지도 않았는데 그만둔다는 건 있을 수도 없고, 있어서도 안 되는 일이라고 생각했어요. 제가 얼마나 노력해서 얻은 결과인데 지레 포기하다니요. 저 자신에게 실망하게 될 게 분명했죠."

그녀의 생각은 경제학자들이 말하는 '매몰비용sunk cost'의 함정과 비슷하다. 매몰비용이란 투자나 지출을 했을 때 회수할 수 없는 비용을 말하는데, 예를 들어 비싸게 산 신발이 엄청 불편한데도 들인 돈이 아까워 내버리지 못하는 것이다.[20] 마찬가지로 사미라는 변호사라는 직업에서 아무런 성취감도 느낄 수 없지만, 거기에 들인 10년이라는 시간이 아까워서 쉽게 포기하지 못했다. 인생에서 10년 세월은 그냥 접어버리기에는 너무 큰 비용이므로.

지금까지 애써 일궈놓은 업적이 시간낭비가 된다는 생각은, 우리가 직업을 바꾸지 못하도록 하는 가장 커다란 심리적 장벽이다. 10년 가까이 (때로는 그 이상) 노력해서 법률이나 광고 등의 분야에서 커리어를 쌓았는데, 이제 와서 전혀 행복하지 않다는 사실을 인정하는 것은 매우 고통스러운 일이다. 분명 누군가가 '사는 게 다 그렇지'라든가 '시간낭비했다고 생각하지 마'라며 어깨를 두드려주겠지만 그런 말 몇 마디로 위로가 될 리 없다. 물론 아주 오랜 시간이 지나고 나면 그 조언이 맞다고 생각할 수도 있을 것이다. 이전 직업에서 쌓은 지식과 기술을 새로운 일에 적용해 성공할지도 모르니까. 그러나 지금 당장은 그런 틀에 박힌 조언 따위로 전혀 기분이 나아질 수 없다.

게다가 어찌 된 일인지, '우리 마음을 들뜨게 하는 일'이란 대개 현재 직업보다 밥벌이가 시원찮은 경우가 많다. 그래서 막상 새 길을 떠나고 싶다고 하면서도 현재의 직업 덕분에 누리고 있는 사회적 지위나 직업적 정체성을 포기하는 것이 쉽지 않다. 사미라 역시 변호사라는 정체성이 사라진다면 '발가벗고 완전히 텅 빈' 느낌이 들까 봐 불안해했다.

이런 다기다양한 이유로, 우리는 과거의 희망과 끊임없이 투쟁하지만, 과거의 희망에 대한 미련을 버리지 못한 채 새로운 무언가를 시도하기를 주저하게 된다.

간단히 요약하자면, 지금 우리는 두 가지 후회 가능성 사이에서 갈등하고 있다. 첫 번째는 수년 동안 시간과 에너지, 감정을 쏟아부은 직업을 '왜 버렸을까' 하는 후회이고, 두 번째는 나중에 나이가 들어서 돌이켜볼 때 전혀 성취감을 느끼지 못했던 직업을 '왜 버리지 못했을까' 하는 후회다. 두 가지 후회 모두 뼈아프지만, 현실을 좀 더 정확하게 파악하는 데 도움을 주기도 한다. 그리고 사람의 일이란 것이, 아무리 최상의 결정을 하더라도 어떤 형태로든 후회를 피할 방법은 없다. 다만 정도의 차이가 있을 뿐.

그렇다면 새로운 결정을 내릴 때 이 두 가지 후회 중에서 어느 쪽을 더 중요하게 생각해야 할까? 저지른 일에 대한 후회와 저지르지 않은 것에 대한 후회, 어느 쪽이 그나마 덜 아플까?

  최근에 나온 심리연구 결과에 따르면 후자가 정신건강에 더 해롭다고 한다. 자신에게 정말 중요한 무언가를 행동으로 옮기지 못하는 것만큼 강력한 후회는 없다. 하지 않은 선택은 시간이 지날수록 머릿속에서 커져가고, 점점 커진 후회는 인생에 짙은 그늘을 드리운다. 해보고 후회하는 일은 결과를 경험했으니 빨리 잊고 쉽게 단념할 수 있지만, '만약 그때 했더라면…' 하는 생각은 이제 와서 어쩌지도 못하고 평생 마음속에 담아둘 수밖에 없다.[21] 철학자 A. C. 그레일링 A. C. Grayling도 비슷한 결론을 제시했다. "세상에 마땅히 두려워해야 할 것이 있다면, 그것은 바로 인생의 마지막 순간에 후회하는 것이다."

  어릴 적에 받은 교육이나 그때 우리가 선택한 직업은, 어른이 된 지금과는 사뭇 다른 과거의 선택이다. 자신의 성격이나 목표에 맞지 않는 직업에 매달린다는 것은, 어느새 사이가 벌어져 더 이상 되돌릴 수 없는 인간관계를 붙잡고 있는 것과 같다. 그런 인간관계는, 비록 고통스럽더라도 헤어지는 것이 서로에게 가장 좋다.

  사람은 누구나 변한다. 인간은 도전으로 가득한 경험을 통해 자신에 대해 더 잘 알게 되고 인생의 우선순위와 관점도 바뀐다.

'당신은 언제 진로를 결정했는가? 학창시절 중 진로를 결심한 결정적인 시기는 언제였는가?'

과학적인 선택 기준이 없다

직업 선택지가 너무 다양한 데다 현재의 직업을 포기하고 싶지도 않은 상황이라면, 어떻게 이 혼란에서 벗어날 수 있을까? 이러한 문제를 해결해주기 위해 지난 세기에 생겨난 직업이 있으니, 바로 '직업상담사'다. 이들은 등장한 지 얼마 되지 않아 현대 일터의 대사제大司祭로 자리매김했고, 고교 중퇴자들부터 직장에서 해고당한 대학 졸업자들, 위기에 처한 중년들까지 모든 이들에게 전문적인 조언을 제공하고 있다.

직업상담에는 여러 가지 방법이 활용된다. 개중에는 매우 날카로운 방법도 있고 별로 그렇지 않은 방법도, 대단히 교묘한 방법도 있다. 그런데 그중에는 어디서나 흔히 볼 수 있지만, 의외로 잠재적인 위험이 도사리고 있어 특별히 신중하게 접근해야 하는 방법도 있다.

바로 '성격검사'를 토대로 하는 조언이다.

성격검사는 표준화된 질문에 답함으로써 자신의 성격유형에 가장 적합한 직업을 파악하는 것이다. 간단하게 자신의 천직을 알 수 있다니 얼마나 구미가 당기는가. 그러나 거기에는 장점 못지않게 본질적인 결함도 분명히 있다. 그리고 실현 가능성 없는 기대치만 올려준다는 문제점도 있다. 설마 그럴 리가 있느냐고? 있다. 심지어 증거도 있다.

성취감을 느낄 만한 일을 찾기 힘든 이유 중 하나는, 우리가 '과학적'이라고 철석같이 믿고 있는 조언이 우리의 기대에 부응하는 답을 주는 경우가 드물기 때문이다. 그 정확한 이유를 알려면 먼저 직업상담의 뿌리부터 캐봐야 한다.

전직 엔지니어이자 변호사이며 학교 교사였던 프랭크 파슨스Frank Parsons는 이른바 '직업 지도의 아버지'라 불린다. 그는 1908년에 보스턴에 세계 최초로 직업 관련 상담을 해주는 직업국Vocation Bureau을 설치했다.[22] 그다음 해에 출간된 그의 저서 《직업의 선택Choosing a Vocation》은 특히 미국의 초창기 직업상담사들을 위한 필독서로 자리 잡았다.

파슨스는 직업 지도가 과학적인 법칙을 토대로 이루어져야 한다고 굳게 믿었다. 그는 의뢰인의 성격 특성과 특정 산업에서 성공하기 위해 필요한 특성을 매치시키는 정교한 체계를 고안했다. 먼저 그는 의뢰인에게 족히 110가지가 넘는 평가질문부터 시작했다. 의뢰인의 야망이나 장단점은 물론이고 목욕을 얼마나 자주 하는지, 잠잘 때 창문을 열어놓는지까지 알고 싶어 했다. 그만큼 철저했다. 이런 점이 그 당시에는 '과학적'이라고 받아들여졌던 모양이다.

그의 '과학적 면모'는 다음 구절에서 극명하게 드러난다. 파슨스는 자신의 책에서 이렇게 말하고 있다.

"나는 두상을 자세히 살핀다. 두상이 귀 뒤쪽으로 크게 발달하고 목이 굵고 이마가 낮고 머리 위쪽이 작으면 동물 유형일 가능성이 크며, 그 기준에 따라 조언을 해준다."[23]

아, 두상이라니. 파슨스는 지금은 사라진 과학인 '골상학骨相學'의 신봉자였다. 골상학에서는 두개골의 돌출과 함몰 정도에 따라 사람의 성격을 파악할 수 있다고 가르쳤다. 가령 파슨스는 22세 백화점 점원의 두상을 살핀 다음 '균형이 잘 맞지 않는 좁은 두상'이라며 변호사가 되고 싶은 그의 야망을 꺾어놓았다. 그보다 운 좋은 사람들도 있었다. 파슨스는 어느 엔지니어의 책벌레 아들에게 '크고 훌륭한 두상'을 가졌다고 칭찬했다.[24]

아, 오해는 하지 말자. 파슨스가 괴팍해서 말도 안 되는 미신을 신봉한 것은 아니다. 19세기 미국에서는 골상학이 유행처럼 번졌고, 지식인들 대다수가 골상학에 집착했다. 어찌됐든 직업상담이 골상학에서 유래했다는 것은 알려지지 않은 비밀 중 하나다.

그러나 골상학은 애초의 의도부터 불온하다. 훌륭한 두상(?)을 가진 백인종이 다른 인종들보다 우월하다는 인종차별적 이론에서 나온 것이기 때문이다. 어느 역사학자가 쓴 문헌에 따르면 "1820년대부터 지원자들에게 추천서와 함께 골상학 보고서를 제출하라고 요구하는 구인 광고가 많아졌다. 대부분의 골상학 보고서에는 당사자의 두상을 토대로 한 직업 조언이 함께 들어 있었다."[25]

이처럼 수상쩍은 과학을 근거로 삼았던 직업상담은 20세기 전반에 들어서면서 변화를 맞이했다. 머리 바깥쪽의 생김새를 측정하는 대신 성격검사로 '머리 안쪽'을 조사하게 된 것이다. 성격검사는 프랑스의 심리학자 알프레드 비네Alfred Binet가 1905년에 IQ 검사를 고안한 이후 엄청난 인기를 끌었다. 그 후 1970년대에 이르러 심리측정 검사로 성격유형을 분석하는 것이 직업상담사들의 표준적인 방식으로 자리매김했다.

그렇다면 여기에서 본질적인 질문을 던져보자. 이런 검사가 성취감 주는 직업을 찾는 데 정말 도움이 될까? 내가 직업을 찾는 사람들과 이야기를 나눈 결과는 회의적이다. 예를 들어 리사 곰리Lisa Gormley는 고등학생 때 받은 성격검사 결과가 황당하기 짝이 없었다고 했다. "컴퓨터에서 출력된 결과를 읽었는데, 제게 가장 잘 어울리는 직업이 치과 간호사라고 나왔어요. 정말 말도 안 되는 소리였죠. 의사가 환자의 치아를 셀 때 옆에서 '윗줄 왼쪽 1, 2, 3, 4, 5번. 7번과 8번은 없습니다'라는 얘기나 하는 치과 간호사라니요! 생각만 해도 지루해요! 화창한 날에 답답한 진료실에 틀어박혀 있는 건 정말이지 제 취향이 아니라고요. 그런 날엔 시집을 들고 강둑으로 나가야죠. 성격검사 결과를 보고 너무나 실망한 나머지 거기에 나온 직업에 대해서는 눈길도 주지 않게 됐다니까요."

리사는 성격검사를 기꺼이 무시했다. 그녀는 옥스퍼드 대학에 진학해 철학과 프랑스어를 배웠고 과테말라와 요르단의 난민들을 위해 봉사했으며 국제 인권 변호사가 되었다.

아, 물론 내가 성격검사 결과가 쓰레기라고 말하는 건 아니다. 직업상담의 세계에서는 여전히 성격검사를 진지하게 참조한다. 하지만 아무리 정교한 검사라도 결점은 있다는 사실을 간과해서는 안 된다. 예를 들어 세계에서 가장 유명한 심리측정 검사인 MBTI The Myers-Briggs Type Indicator도 예외는 아니다.

MBTI는 융 Carl Gustav Jung의 성격유형 이론을 바탕으로 만들어진 검사방법으로, 해마다 200만 명 넘는 사람들이 이 검사를 한다. 직업지도 프로그램이나 입사시험에도 포함돼 있고, 기업의 인사정책에도 거론되곤 한다. MBTI는 외향 대 내향, 논리 대 감정 등으로 분리된 경향에 따라 사람의 성격유형을 16가지로 나눈다.

그런데 MBTI에 관한 흥미로우면서도 우려스러운 사실이 있다. 매우 널리 알려진 대중적이고 권위 있는 검사이지만, 30년 넘게 심리학 전문가들에게 꾸준히 비판받고 있다는 사실이다.[26] MBTI의 문제점 중 하나는 통계학자들이 '검사 재검사 신뢰도'라 부르는 현상이 나타난다는 것이다. 검사를 받고 5주 후에 한 번 더 검사를 받으면, 지난번과 다른 성격유형이 나올 가능성이 약 50%나 된다.[27] 놀랍지 않은가?

심리학 전문가들이 두 번째로 비판하는 MBTI의 문제점은, 성격을 반드시 '둘 중 하나'에 속하는 상호 배타적인 유형으로 가정한다는 점이다. MBTI에서는 성격이 내향형 아니면 외향형, 즉 둘 중 하나일

뿐 두 가지가 섞여 있다고는 보지 않는다. 그러나 현실은 어떠한가? 대다수의 사람들은 어떤 성격유형이든 양 극단의 중간 어디쯤에 위치한다.[28] (100% 내성적이거나 외향적인 사람은 사회생활 자체가 어렵지 않을까?) 가령 MBTI로 신장을 측정한다면 당신은 키가 크거나 작거나 둘 중 하나에 속하는 셈이다. 실제로는 대부분의 사람들이 중간에 속하는데 말이다. 결과적으로 두 사람의 검사결과가 각각 '내향형'과 '외향형'으로 나왔어도 실제로는 거의 똑같을 수 있다. 그러나 MBTI 검사 결과에서는 둘 중 하나에만 속해야 하므로 서로 다른 성격을 가진 사람으로 분류된다.[29]

그뿐 아니다. 이 책을 읽는 독자들에게 아주 중요한 사실이 또 있다. 공식적으로 MBTI는 '이 검사를 통해 당신이 좋아하고 성공을 거둘 수 있는 직업유형을 알 수 있다'고 선전한다. 가령 나처럼 INTJ(내향성에 직관적, 사고와 판단을 선호하는 경향), 흔히 '과학자형'이라 부르는 사람에게 가장 잘 어울리는 직업은 경영 컨설턴트나 IT 전문가, 엔지니어다.[30]

그렇다면 내가 그런 직업으로 바꾼다면 더 큰 성취감을 느낄 수 있을까? 더 행복해질까? 미국의 저명한 심리학자 데이비드 피텐저David Pittenger에 따르면 그럴 가능성은 없다. 그는 이렇게 단정한다.

"MBTI 유형과 직업의 성공 사이에 긍정적인 상관관계를 보여주는 증거는 없다. 또한 어떤 직업에 특정 유형이 다른 유형보다 더욱 적합하다는 자료도 존재하지 않는다."

이 말이 사실이라면, 이처럼 결함이 많은 MBTI가 그렇게 대중적으로 퍼져나가게 된 이유는 무엇일까? 피텐저는 MBTI의 성공요인에 대해 '성격을 별자리 운세처럼 보기 좋게 요약해서 분석해놓은 점과 꾸준한 마케팅 덕분'이라고 주장한다.[31]

성격검사는 우리 자신에 대한 과학적 '진실'을 드러내주지는 않지만 그래도 쓸모가 있다. 뭘 어떻게 해야 할지 몰라 혼란스러울 때, 어쩌면 지금의 직업보다 다른 직업이 내게 더 잘 맞을 수도 있다는 진단을 해줌으로써 정신적인 위안을 줄 수 있다. 또한 '내가 이런 사람이란 말이지?'라는 가설을 줌으로써 자기성찰의 시간을 제공하기도 한다.

나는 MBTI 검사를 해보기 전까지 IT 분야가 나에게 밝은 미래를 안겨줄 수 있으리라는 생각은 단 한 번도 해본 적이 없었다(그리고 지금 이 순간 실감하고 있듯이, 나는 작가가 되기에도 적합하지 않은 성격유형임에 틀림없는 것 같다). 하지만 아무리 흥미로운 가설을 제시한다 해도 그것이

이 소년은 커서 뭐가 될까?
1820년대에 발행된 이 만화에서는
골상학자가 소년의 두상을 살펴보고 있다.
벽에는 골상학의 창시자인 프란츠 요제프
갈Franz Josef Gall의 초상화가 걸려 있다.

© Heritage Images

'꿈의 직업'을 귀띔해주는 마법의 공식이라는 생각은 금물이다.

현명한 직업상담사들은 그런 검사들을 단지 고객이 어떤 사람인지 탐색해보는 방법의 하나로만 활용한다. 백이면 백 제각기 다른 인간의 성격이 어떻게 고작 16가지에 한정되겠는가? 인간은 심리검사에서 드러나는 것보다 훨씬 복잡한 존재다. 4장에서 자세히 다루겠지만, 심리검사의 수백 가지 질문에 답하는 것보다 현실 속에서 여러 가지 직업을 직접 경험해보는 쪽이 성취감을 느낄 수 있는 직업을 찾는 데 더 유용하다.[32]

어떤 성취감을 원하는가?

나에게 꼭 맞는 의미 있는 직업을 찾는 여정에 혼란이 가득한 이유는 무엇인가? 지금쯤이라면 확실히 알았을 것이다. 어느 길을 택할지 정확히 모르는 사람이 당신만이 아니라는 것과, 그것이 당신의 잘못이 아니라는 사실을 말이다. 역사적인 변화 덕분에, 우리는 우리 자신의 심리적 대응력을 넘어서는 과분한 선택권을 유산으로 받았다.

또한 우리는 어린 시절의 미숙한 판단과 가족의 압박으로 내린 결정이 불러온 엄청난 결과와 싸우고 있다. 성격으로 직업을 정해주는 '과학적인' 조언은 딜레마에서 벗어날 방법을 제시해주지 못했다.

그렇다면 이제 혼란의 이유를 밝혀줄 핵심적인 질문에 어떻게 답할 것인지 고민해보자. 지금부터 10분만 시간을 내서, 아래 질문의 답을 적어보자. 그림이나 표를 그려서 답해도 된다.

'당신의 진로를 결정하는 데 혼란을 가져다주는 세 가지 주된 이유는 무엇인가?'

'직업을 바꾸는 데 따르는 가장 커다란 세 가지 두려움은 무엇인가?'

'현실에서 당신을 가로막는 가장 힘든 도전은 무엇인가?'

두려움을 비롯한 직업 선택의 장애물과 어떻게 맞서야 하는지에 대해서는 뒤에서 더 자세히 이야기할 것이다. 그 전에 지금 이 질문들에 대해 잠시 생각해보면서 당신이 가진 진정한 걱정거리가 무엇인지 찾아낸다면, 그것을 직시할 힘도 얻을 수 있다.

 자, 이제 불확실함의 영역을 뛰어넘을 준비가 되었다. 성격검사가 한 번도 신경 써주지 못했던 것, 즉 우리가 직업에서 정확히 '어떤 성취감'을 원하는지를 찾아야 한다. 돈과 사회적 지위라는 화려한 유혹을 좇고 싶은가, 아니면 자신의 가치관과 재능, 열정을 따르는 의미 있는 길을 가고 싶은가?

---

*A레벨 영국의 대학입학 준비과정으로, 대학에 진학해서 공부할 몇 가지 과목을 선택해서 집중적으로 학습한다.

How to Find Fulfilling Work
Roman Krznaric

**THE
SCHOOL
OF LIFE**

무엇이 당신을 일하게 하는가?
Giving Meaning to Work

Chap 3

우리가 일하는
다섯 가지 이유

도스토옙스키는 모든 인간에게 가장 끔찍한 벌은 '평생 동안 아무 쓸모도 의미도 없는 일을 하도록 만드는 것'이라고 했다. 그의 말처럼 '의미'는 정말 중요하다. 앞에서도 말했지만 의미는 몰입, 자유와 함께 성취감을 느끼게 해주는 직업의 세 가지 핵심요소다. 그러나 도스토옙스키가 말한 의미라는 것이 정확하게 어떤 뜻인지, 어떻게 찾아야 하는지는 좀 애매한 게 사실이다.

이번 장에서는 직업을 의미 있게 만들어주는 다섯 가지 측면을 살펴보고자 한다. 그 다섯 가지는 다음과 같다.

첫째는 '돈'을 버는 것,

둘째는 사회적 '지위'를 획득하는 것,

셋째는 더 나은 세상을 만드는 데 '기여'하는 것,

넷째는 '열정'을 따르는 것,

다섯째는 '재능'을 활용하는 것이다.

이 다섯 가지는 일에서 추구할 수 있는 의미인 동시에, 거꾸로 말하면 당신을 특정한 직업으로 이끄는 동기부여의 원천이기도 하다.

어떤 일을 왜 하는지 아는 것만으로도 우리에게는 힘이 생긴다. 그리고 그 힘은 우리의 마음을 움직인다. 첫 번째와 두 번째 측면인 '돈과 지위'는 '외재적 동기요인'으로 알려져 있다. 일을 목적달성을 위한 수단으로 보기 때문이다. 그리고 나머지 세 가지, 즉 기여, 열정, 재능은 일의 가치를 그 자체로 평가하는 '내재적 동기요인'에 해당한다.[33]

직업을 정할 때 이 다섯 가지 중에서 어떤 동기를 가장 중요한 지표로 삼아야 할까? 예를 들어 월급은 적지만 창조적인 재능을 맘껏 펼칠 수 있는 직업과, 좋아하는 일은 아니지만 월급이 많은 직업이 있다. 둘 중 어느 것을 택해야 하는가? 여기에는 정해진 답도 없고 옳고 그름도 없다. 가장 중요한 것은 스스로가 생각하는 우선순위다.

자신의 우선순위를 알면 어떤 직업에서 의미를 찾을 수 있는지 정확히 파악할 수 있으므로, 엉뚱한 곳에서 헤매지 않고 올바른 선택을 할 수 있다.

이제부터 다섯 가지 요소에 대해 차례대로 살펴보도록 하자. 각 요소를 성취하는 데 걸림돌은 무엇이며, 각 요소들이 서로를 어떻게 압박하거나 견제하는지에 대해서도 살펴볼 것이다. 실망스럽겠지만, 이 다섯 가지 요소들에 대해 알면 알수록 '의미 있는 직업에 청사진 따위는 존재하지 않는다'는 사실을 확인하게 될 것이다. 또한 돈과 사회적 지위라는 화려한 보상만 따진다면 행복한 인생으로 이어질 가능성이 적다는 TV 드라마의 교훈은 사실이었음을 깨닫게 될 것이다.

아울러 사람들이 어떤 의미를 찾아 직업을 택하는지 설명하기 위해 3명의 이야기를 들려줄 것이다. 화장품 업계의 거물과 운동선수, 우주항공 엔지니어의 경험담이다. 이들의 이야기는, 자신의 가치와 열정 그리고 재능을 따르는 것이야말로 '성취감'이라는 열망을 채우는 가장 훌륭한 방법이라고 말하고 있다. 이들의 이야기를 살펴본 후 세 가지 과제를 통해 직업 선택에 대해 좀 더 구체적으로 설계해볼 것이다.

뭐니 뭐니 해도 '돈'

당신은 지금 어떤 일을 하는가?

왜 그 일을 하게 되었는가? 혹시 가장 큰 이유가 돈을 많이 벌 수 있기 때문인가? 수입이 확 줄어든다거나, 경제적으로 전망이 밝지 않은 직업을 가진다는 것은 상상조차 할 수 없어서 그 (재미없는) 일을 그만둘 수 없는가?

나는 인생학교에서 '사랑하는 일을 찾는 방법'에 대해 강의할 때 항상 이 질문을 던지곤 한다. 그러면 청중의 절반 이상이 머뭇거리며 손을 든다. 속마음을 들켜서 민망하다는 듯 쭈뼛거리며.

너무 당연한 말이지만, 돈 때문에 직업을 선택하는 것은 전혀 놀라운 일이 아니다. 돈을 벌기 위해 일을 한다는 건 노동의 세계에서 가장 유서 깊고 강력한 동기다. 19세기 독일의 철학자 쇼펜하우어Arthur Schopenhauer는 돈에 대한 욕망이 우리 사회에 깊숙이 스며든 이유에 대해 이렇게 말했다.

"전에는 돈벌이 자체를 경멸하고 단지 돈을 벌기 위해 무슨 일이든 하는 사람들을 비난했지만, 지금은 아니다. 오늘날의 돈은 지칠 줄 모르는 프로테우스Proteus처럼 인간의 변화무쌍한 소원과 다양한 욕구의 대상을 자기 자신으로 바꿀 수 있는 힘을 가졌다. 따라서 사람들이 돈을 소중하게 여기는 것은 자연스러운 일이 되었다. (…) 인간에게 돈은 추상적인 행복이다."

쾌락의 쳇바퀴에서 벗어나라

이 말은 직업에 대한 희망을 두둑한 월급과 보너스에 맞춰야 한다는 뜻일까? 물론 대답은 '아니오'다.

돈에 대한 욕망이 당연하다는 쇼펜하우어의 말은 맞지만, 돈을 행복과 동일시한 것은 잘못되었다. 지난 20년 동안 부의 추구가 개인의 행복, 즉 '에우다이모니아eudaimonia'에 이르는 길이 아님을 말해주는 증거는 수도 없이 쏟아졌다. 현대의 사회과학이 발견한 가장 중요한 사실 중 하나는, 높은 소득 수준과 행복 사이에 뚜렷한 상관관계가 존재하지 않는다는 점이다. 소득이 기본적인 욕구를 충족할 수 있는 수준에 도달한 이후에는 소득이 더 높아져도 인생의 만족도가 그다지 올라가지 않는다.[34]

왜 그럴까? 심리학자 마틴 셀리그먼Martin Seligman의 말대로 우리가 '쾌락의 쳇바퀴hedonic treadmill'에 빠져버리기 때문이다. 돈이 많아지고 소유물이 늘어날수록 기대치도 높아지기에, 과거와 같은 수준의 행복감을 충족시키려면 더 많은 것을 가져야 하고 더 많이 벌고 더 열심히 일해야 한다. 하지만 그렇게 되면 또다시 기대치가 올라가버린다. 마시면 마실수록 목이 타는 바닷물처럼, 돈과 행복 사이에도 영원히 충족되지 않는 갈증이 계속 반복된다.[35]

평범한 TV를 대형 평면 TV로 바꾸고, 한 대였던 자동차가 두 대로 늘고, 숙소를 빌려 휴가를 떠나던 사람이 휴가지에 직접 별장을 구입한다. 그 순간만은 이제 만족이 찾아올 것이라 기대하지만, 인간은 항상 더 많은 것을 원하기 때문에 그 무엇도 인생의 만족감과 성취감을 끌어올려주지 않으며 오히려 불안과 우울감만 증폭된다.

그러나 쾌락의 쳇바퀴에 빠지지 않겠다는 신념을 가진 사람은 찾아보기 힘들다. 돈은 많이 벌지만 일에서 아무런 보람도 느끼지 못하는 사람이 있다고 치자. 그는 5년이나 10년 뒤, 자신이 정한 기간까지만 일을 하고 그 이후에는 그만둬야겠다고 다짐했다. 하지만 아무리 굳은 결심을 한 사람도 쾌락의 쳇바퀴에 빠져서 헤어나지 못하는 경우가 허다하다.

심리치료사 수 거하트Sue Gerhardt는 저서 《이기적인 사회》에서 이 주제에 관해 현명하게 논했다.

우리는 TV와 인터넷이 보여주는 소비행태에 맞추려고 분투하고, 그 탓에 늘 불만족에 사로잡혀 있다. 재화와 용역을 축적하고자 하는 욕망은 중독성이 있다. 아무리 넘치도록 가져도 그것을 제어할 경고 시스템이나 내재적인 메커니즘이 존재하지 않는 끝없는 욕망이다. 우리는 계속 더 원한다. 특히 다른 사람들보다 '더' 가지고 싶어 한다. (…) 우리는 상대적으로 더 큰 물질적 풍요를 누리고 있지만, 정신적인 풍요는 가지지 못했다. 많은 이들이 정말로 중요한 것을 빼앗겼다. '정서적인 안전'이 결여되어 있기 때문에 물질에서 안전을 찾으려고 한다.[36]

우리는 엉뚱한 곳에서 성취감을 찾고 있는지도 모른다. 존재가 아니라 소유에서. 공감할 수 있고 성장에 도움이 되는 인간관계를 만드는 데서가 아니라 소유를 늘리는 데서 말이다. 이제 돈을 기준으로 직업을 선택해서 의미 있고 풍요로운 인생을 살 수 있다는 생각은 버려야 한다.

직업이 가진 여러 요소들 중에 우리에게 만족감을 느끼게 해주는 것은 무엇일까? 사람들에게 이런 질문을 던졌을 때, '돈이 최우선'이라고 말하는 사람은 별로 없다. 실제로 컨설팅 회사인 머서Mercer가 유럽과 미국, 중국, 일본, 인도의 노동자 수천 명을 상대로 실시한 설문조사에 따르면 '높은 월급'은 12가지 핵심요소 중 겨우 7위를 차지했다. 그들은 직장 내 인간관계의 수준, 즉 '존중'과 '함께 일하는 사람들'을 가장 중요하게 꼽았다. 마찬가지로 다른 설문조사에서도 동료들과의 좋은 관계, 일과 생활의 균형, 직업 안정성, 자율성이 돈보다 더 중요한 것으로 나타났다.[37]

물론 돈을 전혀 고려하지 않고 직업을 정하는 사람은 거의 없을 것이다. 우리에게는 주택 대출금은 물론이고 여기저기 들어갈 돈도 많으며, 부양해야 할 가족도 있다. 돈을 떠나서 직업을 택할 수는 없다. 그러나 문제는 그 '정도'다. 돈에 얼마나 큰 비중을 두어야 하는가? 그 답을 철학자나 영적 지도자들에게서 찾을 필요는 없다. 우리 주변에도 살아 숨 쉬는 증거는 얼마든지 있으므로. 진정으로 잘 살고 싶다면 돈이 최우선 목표가 되어서는 안 된다는 사실을 말해주는 증거 말이다. 자, 당신에게 여전히 돈은 행복의 척도인가? 그렇지 않다면, 다음 질문에 대해 차분히 생각해보자.

'돈에 대한 당신의 태도 중 어떤 것을 가장 바꾸고 싶은가?'

사회적 '지위'가
자존감을 높여준다

돈 이외에, 사람들이 직업을 통해 얻고 싶어 하는 가장 중요한 외적 보상은 무엇일까? 바로 사회적 지위다.

사회적 지위에는 두 가지 종류가 있다.

첫 번째는 외교관이나 방송국 PD, 외과의사, 운동선수, 교수나 작가처럼 선망의 대상이 되는 직업이 가져다주는 지위다. 얼마 전 내 제자 한 명은 나에게 이렇게 말했다.

"전 언제나 친구들에게 멋있게 보이는 직업을 원했어요. 현대인도 고대 로마인들처럼 명성과 영광에 대한 욕망이 강하니까요."

물론! 이런 직업들은 실로 매력적이다.

두 번째는 타인과 비교했을 때 나의 위치가 높은가 낮은가의 문제가 있다. 이에 대한 사람들의 인식을 보여주는 재미있는 연구가 있다. 남들이 5만 달러를 받고 자신은 2만 5,000달러를 받는 것과, 남들이 20만 달러를 받고 자신은 10만 달러를 받는 것 중 당신은 어느 쪽을 택하겠는가? 연구 결과, 전자를 택한 이들이 훨씬 많았다고 한다.[38]

행동경제학 분야에서 널리 알려진 이 연구는, 자신에게 돌아오는 절대적인 금액보다 남들과의 차이에 더욱 민감한 인간 심리를 적나라하게 보여준다. 이처럼 우리는 직업 계층 안에서 자신의 상대적인 위치에 몹시 신경 쓴다. 입사 동기들이 모두 승진해서 성공의 사다리를 척척 오르는데 당신만 맨 아래에 남아 있다면 그것처럼 비참하고 괴로운 일이 또 있을까? 자신이 실패자라고 느껴지고, 그들처럼 성공하고 싶은 욕망에 못할 짓이 없어질지도 모른다.

지위는 자존감을 높여주는 중요한 요소임에 분명하다. '사회적 인정'에 민감한 이들일수록 지위와 명성을 얻기 위해 자신의 개인적 생활을 기꺼이 희생하곤 한다. 그러나 18세기 철학자 루소Jean Jacques Rousseau가 경고한 것처럼 "타인의 눈으로 자신을 판단하는 것, 즉 명성에 대한 보편적인 욕망은 위험하기 그지없다."[39]

내적으로 자신에게 맞지 않고 일상적인 성취감도 느끼지 못하는데, 사회적으로 존경받는다는 이유만으로 직업을 선택하는 경우가 많다. 나 역시 강의하면서 그런 사람들을 많이 봤다. 사진 저널리스트나 신경과학자처럼 남들의 부러움을 한몸에 받는 직업을 가졌으면서도 일에 전혀 만족하지 못하는 사람들이 그렇게 많다는 데 놀랐다. 그렇게 멋진 직업을 가지고도 불행하다고 생각하다니, 다른 사람들은 도무지 믿지 못할 일이다.

문제는 또 있다. 우리가 어떤 지위에 도달하자마자 그보다 더 높은 지위에 있는 사람이 눈에 들어온다는 것이다. 예를 들어 당신이 방송국 PD로 성공하고 싶다고 해보자. 하지만 TV 프로그램을 성공시키고 나면 권위 있는 상을 타거나 장편영화를 만든 사람들 무리에 끼고 싶어진다. 그렇게 동료집단은 계속 바뀌고, 우리가 궁극적으로 만족하는 지위는 결코 손에 잡히지 않는다.

이것, 어디서 많이 본 익숙한 스토리 아닌가?

그렇다. 이 또한 소비자의 기대치를 계속 올려놓는 '쾌락의 쳇바퀴'에 다름 아니다. 《나니아 연대기》로 유명한 작가이자 영적 사상가 C. S. 루이스C. S. Lewis는 이 문제를 이렇게 이해했다. 대부분의 인간은 사회적으로 존경받거나 중요한 사람들로 이루어진 내부 패거리inner ring에 속하고 싶은 욕구가 있지만, 그 내부 안에는 언제나 또 다른 내부가 존재하게 마련이므로, 우리가 원하는 '내부'에는 영원히 이를 수 없다는 것이다.[40] 여기에서 얻을 수 있는 교훈은 매우 간명하다.

타인이 당신을 어떻게 생각하는지에 지나치게 신경 쓰지 말라는 것이다.

'누가 당신의 지위를 판단한다고 생각하는가? 가족, 친구, 동료? 당신은 그들에게 그럴 권리를 주고 싶은가?'

'지위'가 아니라 '존경'을 얻어라

물론 인간인 이상 누구나 타인에게 인정받고 싶어 한다. 그러나 그것이 꼭 지위여야 할 이유는 없다.

그렇다면 무엇으로 인정받을 수 있을까? 내가 방문한 어느 영안실에서 그 답을 찾아볼 수 있다.

호주 빅토리아 주에 사는 트레버 딘Trevor Dean은 냉장고 수리공으로 일하다 어느 가게의 점원으로 취직했다. 점원으로 열심히 일하던 어느 날, 친구가 영안실에서 수습생으로 있다는 얘기를 듣게 되었다. 수년간 소방관으로 자원봉사를 해서 시신 보는 일이 불편하지 않았던 트레버는, 자신도 모르게 친구에게 '끝내주는 일'이라고 말했다.

"의미 있고 도전적이고 흥미로운 직업! 그런 일을 찾고 싶었어요. 그래서 장례식장에서 직원을 구한다는 광고를 보고 당장 지원했죠. 30명이나 지원했는데 운 좋게도 제가 뽑혔어요. 3년 후에는 장례지도사에 도전해서 자격증도 땄고요. 네, 시신을 염하는 그 일이요. 그때의 선택을 절대로 후회하지 않아요. 장례지도사가 되기 위해 공부하면서 힘들다는 생각은커녕, 인체가 얼마나 신비로운지 깨닫게 됐어요.

이 직업이 제게 어떤 의미가 있냐고요? 전 사람들의 마지막 가는 길을 돌봐줍니다. 마치 제가 떠나는 것처럼 온 정성을 다하죠. 덕분에 고인의 가족들이 보낸 감사편지가 한가득이에요. 제가 이 일을 하는 중요한 이유죠.

제가 받은 편지 중에 이런 내용이 있어요. 고인의 아내가 보낸 편지였는데, 죽은 남편이 너무나 평화롭고 아름다워 보인다는 말을 여러 번 들었다면서, 꼭 감사인사를 전하고 싶었다고 했어요. 그리고 이런 내용도 있었죠. 고인의 마지막 모습이 정말 고와서 가족 모두 무척 기뻤다고, 애써줘서 정말 고맙다고요. 조문 온 친구들이 고인을 보고 '죽이게' 멋지다고 했대요."

시신을 수습하며 트레버가 느끼는 성취감은 어디에서 나오는 걸까? 높은 지위는 아닌 것 같다. 솔직히 장례지도사는 모든 사람들이 선망하는 직업과는 거리가 멀다. 트레버도 그 사실을 인정한다.

"현대인들은 죽음을 두려워하잖아요. 제 직업이 장례지도사라고 말하면, 열에 아홉은 흠칫 놀라곤 하죠. 적어도 저를 부러워하는 사람은 못 봤어요."

트레버의 직업이 가치 있는 이유는, 그 일을 함으로써 그가 사람들에게 존중받고 있다는 느낌을 얻기 때문이다. 여기서 '존중받는다'는 것은, 마치 마피아 보스처럼 주위 사람들이 어려워하거나 공손하게 대한다는 뜻이 아니다. 그가 일에 쏟아붓는 노력을 사람들이 감사하게 여기고, 그 가치를 인정해준다는 뜻이다. 트레버의 경우, 고인의 가족들이 그의 능력을 인정해주기 때문에 그 역시 존중받는 느낌을 갖게 된 것이다. 트레버처럼 특수한 직업이 아닌 일반 직장인들이라면, 창의적인 아이디어를 생각해내거나 일을 체계적으로 잘 마쳤을 때, 동료들이 해주는 칭찬이나 인정을 통해 존중받는다고 느끼곤 한다.

많은 이들이 사회적 지위를 원하지만, 그게 전부는 아니다. 오히려 그 일을 함으로써 사람들의 존경을 받을 수 있는가 여부가 의미 있는 직업을 판단하는 핵심요소다. 사회학자 리처드 세넷Richard Sennet에 따르면 우리는 존중받음으로써 '완전하고 중요한 존재'라고 느끼게 된다.[41]

어쩌면 직업 만족도 설문조사에서 '존중'이라는 키워드가 상위권을 차지하는 것은 당연한지도 모른다. 따라서 성취감을 느낄 수 있는 직업을 찾을 때 사회적 지위만 보지 말고 '존중' 요소도 고려해야 할 것이다. 이 기준에서는 누구나 들어가고 싶어 하는 대기업은 좋은 대안이 아닐지도 모른다. 대규모 조직에서는 개인의 노고를 인정받기 어렵고 관료주의적 전통도 강하다. 그보다는 직원 개개인을 고유한 인간이자 동등한 공동체의 일원으로 대우해주는 곳을 찾아보는 것은 어떤가? '존중'이라는 요소는 개개인의 생각에 따라 다르게 나타나게 마련이므로, '존중받는 직업' 또한 남들이 말하는 획일화된 기준을 적용하는 것은 바람직하지 않다. 혹시 당신도 장례식장에서 일하고 싶어질지 누가 알겠는가?

세상에 '기여'하고 싶다

'내 일이 더 나은 세상을 만드는 데 보탬이 되었으면.'
대학교 진로상담센터 주위를 어슬렁거리는 젊은이들만 이런 생각을 하는 건 아니다. 하루 종일 지루하게 이메일 답장을 보내고 있거나, 관심도 없는 상품을 마케팅하기 위해 골머리를 싸매고 좌절감에 빠져 있는 직장인들 사이에서도 흔히 들을 수 있는 말이다.

이들의 공통점이라면, 현재에 만족하지 못한다는 것이다. 아울러 이들은 세상과 사람들에게 긍정적인 기여를 하고, 자신의 가치관을 현실로 만들고 싶어 한다. 요즘처럼 극단적인 개인주의가 판치는 시대에도 많은 이들이 이와 같은 꿈을 꾼다. 마치 고대 그리스인들이 '목적 있는 삶'을 살고 역사에 길이 남을 고결한 업적을 세우고자 했던 것처럼 말이다.[42] 무릇 인간은 과거를 돌아봤을 때, 거기에 남겨진 자신의 흔적을 보고 싶어 한다.

세상을 바꿀 수 있는 일이라면 성취감도 느낄 수 있지 않을까? 직관적으로 생각해봐도, 세상을 더 낫게 하는 데 기여하는 일이라면 성취감은 당연히 따라올 것이다. 이 사실에 대해서는 대부분 알고 있고 동의하는 바다. 이를 입증하는 자료도 있다. 하워드 가드너Howard Gardner, 미하이 칙센트미하이Mihaly Csikszentmihalyi, 윌리엄 데이먼William Damon이 실시한 유명한 연구에서는 '좋은 일', 즉 '사회 전반에 긍정적인 영향을 미치는 전문적인 일'을 하는 사람일수록 일관되게 직업 만족도가 높은 것으로 나타난다.[43]

생명윤리학자인 피터 싱어Peter Singer의 생각도 비슷하다. 그는 이렇게 말한 바 있다.

"그 어느 때보다 커진 '개인적 성취감'에 대한 열망은, 우리의 삶을, 그리고 가능하다면 우리의 '직업'을 자기 자신보다 더 큰 '초월적 명분'에 바치도록 만든다. 이를테면 동물의 권리나 빈민구제, 환경운동 같은 윤리적 사안 같은 것 말이다."[44]

이러한 관점은 타인에게 베푸는 일이 자신의 영성을 끌어올려준다는 종교적 사상을 바탕으로 확산되었다. 마틴 루터 킹Martin Luther King의 말처럼 "사람은 누구나 봉사할 수 있으므로 누구나 위대해질 수 있다."는 것이다.

기회는 사방에 있다

문제는 어떻게 그런 일을 찾느냐다. 흔히 사람들은 자선단체나 공공 부문에서 윤리적인 직업을 찾을 수 있다고 생각한다. 노숙자를 위한 쉼터나 특수 아동들을 가르치는 것처럼 말이다. 그러나 금욕적으로 헌신하는 직업만이 세상을 개선할 수 있는 것은 아니다. 현대 노동의 가장 큰 혁명은 다방면에서 사회에 영향을 미칠 수 있는 기회가 획기적으로 많아졌다는 것이다. 클레어 테일러Clare Taylor도 그 기회를 붙잡았다.

클레어는 대학에서 공학을 전공하고 샌프란시스코에 있는 엔지니어링 컨설팅 회사에 취직했다. 그 후 그녀는 연봉이 더 높은 조그만 소프트웨어 회사로 이직했다. 그 회사는 소니Sony의 협력사였는데, 그곳에서 클레어는 소니 TV를 이용하는 사람들이 업데이트된 TV 드라마를 온라인으로 더 편리하게 다운로드할 수 있도록 도와주는 콘텐츠 관리 시스템을 개발했다.

회사 일로 한창 분주한 와중에 그녀는 우연한 기회에 부업으로 인터뉴스Internews라는 미디어 단체와 일하게 되었다. 팔레스타인인들이 직접 경험한 폭력의 실상을 인터넷 뉴스로 퍼뜨릴 수 있도록 도와주는 것이었다. 그 일을 계기로 클레어는 자신의 정치적 성향을 자각하게 되었다. 소니 같은 대기업의 이익을 위해 일하기보다는 사회 정의를 구현하는 데 관심이 있다는 사실을. 클레어는 이렇게 말했다.

"그때 전 깨달았어요. 동시에 제가 어디에 있는지도 알게 됐고요."

클레어는 회사를 그만두고 아일랜드로 돌아가 새로운 인생을 시작했다. 당시 아일랜드는 '켈트의 호랑이'라 불릴 정도로 눈부신 경제 성장을 거듭하고 있었는데, 그 부작용으로 더욱 팽배해진 물질주의에 질려버린 그녀는 위험한 도전에 뛰어들었다.

"출판 경험이라고는 전무했던 제가 물질주의 문화를 바꿔보겠다고 전 재산을 털어 잡지를 창간했어요.〈요크 : 세계 시민을 위한 자유로운 사상 YOKE : Free Thinking for the World Citizen〉이라는 이름이었죠. 2년 동안 미디어의 주목도 받았고 아사벨 아옌데 Isabel Allende, 피코 아이어 Pico Iyer, 재닛 윈터슨 Jeanette Winterson 같은 훌륭한 작가들이 기고도 해주었어요. 전 그때 실업수당에 의존해 단칸방에 세 들어 살았죠. 그런 형편에 제대로 된 사무실이 있었겠어요? 그냥 방 한쪽 구석에 놓인 2층 침대의 아래칸이 제 사무실이었죠. 하지만 괜찮았어요. 비록 무일푼이었지만 꼭 해야 할 일이라는 확고한 신념이 있었거든요."

클레어는 임신과 함께 그 일을 그만두어야 했다. 그 후에는 지속가능 경제에 관한 캠페인을 하는 NGO와 재생에너지 정책을 관할하는 정부기관에서 일했다. 지속가능한 개발을 다루는 TV 프로그램의 연구원으로도 계속 활동했다. 앞으로 정확히 무슨 활동을 할 것인지는 확실하지 않지만, 현재 클레어는 그녀가 '소비주의가 이끄는 죽음의 행진'이라 부르는 것과 계속 싸워나가고 있다.

"제가 원하는 직업을 찾기까지 비싼 수업료를 지불하긴 했지만 그 경험이 제 인생을 윤택하게 만들어줬어요. 전 제가 신뢰하지 않는 명분을 위해서는 일할 수 없어요. 제게 의미 있는 일이란 바로 그런 거죠. 언젠가 아버지의 친구분과 삶의 선택이란 것과, 생각을 현실로 바꾸기가 얼마나 어려운지에 대해 이야기를 나눈 적이 있어요. 그분은

'인생은 짧으니 하고 싶은 일을 하면서 살라'고 하셨어요. 그랬던 분이 다음 날 거짓말같이 심장마비로 세상을 떠나셨죠. 우리에게 주어진 시간은 짧아요. 기꺼이 위험도 무릅쓰고 바보 같은 짓도 하되, 어떤 경우에도 더 나은 세상에 대한 희망을 포기하면 안 돼요. 극심한 생존경쟁이 주는 그 어떤 지위나 금전적 보상보다 이게 훨씬 값진 보상이에요."

클레어는 세상을 바꿔나가겠다는 생각으로 온라인 저널리즘에서 출판, 생태 운동, 공공정책, TV 분야에까지 진출했다. '윤리적인 직업'이 선교사나 간호사 같은 몇몇 종류에만 한정돼 있던 지난 세기에 비해 선택권이 훨씬 다양해진 셈이다. 그러나 어떤 직업을 택하든 세상을 바꾸고자 하는 사람들은 다음의 두 가지 어려움에 봉착한다.

첫 번째는 행동의 영향력이다.

자신이 하는 일이 실제로 어떤 영향을 미치고 있는지 눈으로 확인하기 어렵다는 데서 좌절감이 온다. 수년간 학자로서, 그리고 개발 컨설턴트로서 라틴아메리카의 가난과 인권에 관한 글을 써온 나도 절감하는 문제다. 내 손끝에서 나오는 글들이 정말 그들의 생활을 좀 더 낫게 만들어주는 걸까? 내가 사는 옥스퍼드에서 지역사회 프로젝트를 시작하겠다는 결심을 했을 때는 그나마 나았다. 내가 하는 일이 어떤 영향을 미치는지 눈으로 직접 확인할 수 있었기 때문이다. 하지만 눈으로 확인한 영향력도 그다지 대단하지 못해서 또 다른 좌절을 안겨주었다.

두 번째 어려움은 이런 일을 하는 것과 돈을 버는 것 사이에서 발생하는 긴장감이다.

좋은 일을 하려면 반드시 고소득을 포기해야 할까? 현실적으로는 어느 정도 사실이다. 클레어 테일러도 자신의 가치관을 실현하느라 경제적 희생을 감내해야만 했다. 그러나 최근 사회적 기업 같은 새로운 형태의 기업이 등장했으니, 신념을 실천하는 내적인 보상과 돈을 버는 외적인 보상을 전부 손에 넣을 수도 있지 않을까? 충분히 이런 기대를 품어볼 만하다. 화장품 업체 더바디샵The Body Shop의 설립자 아니타 로딕이 걸어온 길을 살펴보면, 이 문제를 차근차근 되짚어보는 데 도움이 될 것이다.

수익과 사회적 기여를 동시에

2007년 세상을 떠난 아니타 로딕은 세계적으로 존경받는 성공한 기업가였으며 '기업윤리'를 경영에 도입한 것으로 유명했다. 그러나 더바디샵이 처음부터 가치 중심적인 기업이었던 것은 아니다. 아니타 로딕은 동네 호텔과 레스토랑을 운영하다 실패하고, 1976년에 브라이튼에 작은 화장품 가게를 열었다. 말하자면 첫 번째 더바디샵 매장이었다. 그때까지만 해도 사업은 아이들을 키우고 먹고살기 위한 수단에 지나지 않았다. 그녀는 고객들에게 리필을 해줄 테니 빈 병을 가져오라고 부탁했는데, 사실 환경을 생각해서라기보다는 순전히 금전적인 이유에서였다. 그녀는 회고록에 "돈이, 정확히는 돈이 없다는 사실이, 모든 것을 결정했다."고 썼다.[45]

그러나 아니타 로딕은 서서히 '가치'를 끌어들여 더바디샵을 얼굴 로션만 만드는 기업이 아닌 '사회적 목소리를 내는 기업'으로 변모시켰다. 수익 극대화를 목표로 삼지 않으면서 수익을 창출했다. 그녀는 공공연하게 이렇게 말했다.

"나는 투자자들을 만족시키려고 수익을 극대화하는 것에 반대한다. 수익에 가치 체계를 더함으로써 일을 재창조하는 것이야말로 우리 기업의 핵심철학이다. (…) 우리는 사회를 긍정적으로 변화시키기 위해 일하는 화장품 회사다."

그녀의 말은 어떻게 실현됐을까?

창업 초기에 그녀는 남편과 함께 일했는데, 그때 제품 수송 트럭에 실종자들의 사진과 연락처를 붙이고 영국 전역을 돌아다녔다. 몇 주 만에 3만여 통의 전화가 걸려왔고, 실제로 실종자들 중 몇 명은 가족의 품으로 돌아왔다.

또한 1988년에는 솝워크스Soapworks라는 사회적 기업을 설립해 글래스고의 빈민지역에 비누공장을 세워 지역사회에 수익을 환원했다. 1991년에는 더바디샵 재단의 자금으로〈빅 이슈Big Issue〉라는 잡지를 창간했다. 알다시피〈빅 이슈〉는 노숙자들이 판매하는 잡지로, 현재 8개국에서 매주 30만 부가 팔린다.

그뿐 아니다. 더바디샵은 공정무역의 첫 주자가 되어 브라질을 비롯한 여러 국가의 지역주민들과 직접 계약을 맺어 제품의 원료를 생산했다. 훗날 아니타 로딕은 아예 기업을 정치적인 도구로 활용하기도 했다. 대형 석유회사 셸Shell이 나이지리아의 니제르델타에서 원유를 채굴하면서 오고니족의 생활 터전을 파괴하자, 더바디샵은 그들의 생존권을 되찾아주기 위한 캠페인을 벌였다.[46] 셸을 전 세계적으로 곤경에 빠뜨려 결국 4년 만에 셸로부터 생존권 및 환경을 파괴하는 개발을 하지 않겠다는 약속을 받아내기에 이르렀다.

더바디샵이 수십 년 동안 급진적인 사회정치적 어젠더를 천명하고 실천하면서, 아니타뿐 아니라 수많은 직원들은 자신의 일에서 매우 큰 성취감을 느꼈다. 그렇다면 더바디샵 같은 민간 기업이 목적의식과 가치를 토대로 직업을 찾는 사람들에게 큰 가능성을 제시했다고 결론지을 수 있을까? 물론 그럴 수도 있겠지만, 아직은 이르다. 아니타 로딕은 탁월한 리더십을 갖춘 데다 똑똑하고 카리스마가 강한 사람이었지만, 매우 중대한 윤리적 절충에서 실패했기 때문에 결국 살아남지 못했다. 그녀도 그 사실을 인정했다.

"내 인생 최대의 실수는 기업공개와 주식상장을 한 것이다."[47]

기업을 공개한 후, 대개의 기업이 그렇듯이 주주와 투자자들, 경영진에 대한 의무가 더바디샵의 도덕관을 좀먹기 시작했다. 1990년대 초 아니타 로딕은 걸프전 반대 캠페인을 벌이고자 했으나, 최고경영진이 판매에 악영향을 줄 수 있다는 이유로 반대하면서 갈등이 고조됐다. 경영진은 컨설턴트들을 투입해 구조조정을 실시하고 수익을 늘릴 방안을 모색했으며, 그 과정에서 자연스럽게 더바디샵의 사회 참여 운동은 약화될 수밖에 없었다.[48]

로딕이 1990년대 후반에 떠밀리다시피 CEO 자리에서 물러난 후, 더바디샵은 윤리적 경영이라는 가치관을 잃어버렸다. 현재는 로레알 그룹에 속한 채 예전의 가치관은 입도 벙긋 못하는 신세가 되었다.

1970년대 더바디샵 초창기 시절의
아니타 로딕.
그녀는 '가치 체계 value system를 덧붙여
일을 재창조해야 한다'고 믿었다.

© The Roddick Foundation

이처럼 더바디샵의 사례는 돈과 사회적 기여를 동시에 추구할 때 어떤 불협화음이 나타날 수 있는지 생생히 보여준다. 기업과 윤리는 여전히 쉽게 합치되기 어려운 짝이다.

어쩌면 돈과 가치가 조화롭게 합쳐지기를 바라는 것보다는, 가치와 재능을 합치는 편이 훨씬 쉬울지도 모른다. 일찍이 아리스토텔레스Aristoteles는 "당신의 재능과 세상의 필요가 교차하는 곳에 당신의 천직이 있다."고 말하지 않았던가. 이 말이야말로 지난 3,000년 동안 등장한 직업에 관련된 수많은 조언 중에서 가장 유용한 것인지도 모르겠다.

우리는 자신의 재능과 능력을 어떻게 하면 이 시대의 사회, 정치, 환경 분야의 딜레마를 해결하는 데 활용할 수 있을지 고민해야 한다. 당신의 재능이나 전문성을 십분 활용할 수 있는 윤리적인 직업이 없다고 생각할지도 모르지만, 거의 모든 직업적 기술은 사회를 개선하는 데 활용할 수 있다. 마케팅 기법은 패스트푸드 체인뿐 아니라 암 연구 재단에서도 쓰일 수 있고, 회계 경력은 투자은행뿐 아니라 정신건강을 위한 자선단체에도 필요하다. 어느 쪽을 선택할지는 결국 당신에게 달려 있다.

'당신의 재능은 세상의 필요와 어느 지점에서 교차하는가?'

'열정'과 '재능'을 좇아서

윤리적인 직업은 좋은 인생에 이르는 내적인 보상 중 하나지만, 당신의 열정과 재능에 초점을 맞추는 또 다른 선택권도 있다. 일단 돈이나 사회적 지위는 잊어라. 세상을 내 손으로 바꿔보겠다는 야망도 내려놓아라. 그 대신 당신이 좋아하고 정말로 잘하는 일을 하라. 나는 지금까지 몇 년 동안 사람들과 직업에 관해 이야기를 나눴지만, 웨인 데이비스Wayne Davies만큼 좋은 본보기는 보지 못했다. 그의 이야기를 들어보자.

호주에서 성장한 웨인은 20년 넘게 '리얼 테니스real tennis' 선수이자 전문 코치로 활동했다. 리얼 테니스는 일반 테니스의 원형이 되는 경기로 현재는 소수의 사람들만이 즐기는 고전 스포츠다. 전용코트는 전 세계에 고작 45개뿐이고, 선수 역시 5,000명 정도에 불과하다(나도 그중 한 명이다). 1978년에 처음으로 이 실내 테니스를 접하고 푹 빠져버린 웨인은, 고등학교 과학 선생님이라는 안정적인 직장을 그만두고 멜버른에서 보조 코치로 일하기 시작했다. 월급도 훨씬 적었고, 매일 아침 출근하는 데 3시간이나 걸렸다. 상황이 이렇게 열악한데도 웨인은 보조 코치 일을 그만두지 않았다.

언젠가 나는 웨인에게 이 직업이 가진 가장 좋은 점이 무엇인지 물었다. 그는 이렇게 대답했다.

"테니스를 칠 수 있다는 것이지."

그런 바보 같은 질문은 처음 들어본다는 듯한 대답이었다. 그는 곧이어 이렇게 설명했다.

"인생에서 가장 좋은 게 뭐냐고? 테니스를 치는 걸세. 내 생각은 그렇네. 인생은 테니스 코트야. 난 제대로 된 테니스 경기를 치를 때 제일 행복하다네. 인생의 다른 모든 걸 지워버릴 수 있으니까."

마침내 뉴욕에 있는 실내 테니스 클럽의 감독이 된 웨인은 테니스에 인생의 전부를 쏟아부었다. 선수들이 없는 새벽에 4시간씩 미리 연습을 하기 위해 클럽에 매트리스를 깔고 거기서 잤다. 심지어 한밤중에 잠옷 차림으로 연습을 하기도 했다. 언젠가 그는 나에게 이런 말을 했다.

"뭔가를 잘하게 되려면 터널 시야를 가져야 해. 거기에만 집중해야 한다고."

가히 테니스에 집착하다 못해 홀려버린 남자라 할 수 있겠다. 그 결과가 어땠을 것 같은가? 그는 1987년에 실내 테니스 세계 챔피언이 되었고, 8년 동안 그 자리를 굳건히 지켰다.[49]

세계 챔피언이라는 단어가 안겨주는 영광을 제외하고, 웨인이 자신의 직업에 그토록 성취감을 느낄 수 있었던 이유는 두 가지였다.

첫째, 그는 운동선수로서 자신의 가능성을 알게 되었고 그 재능을 최대한 확장시켜 뻗어나갔다.

둘째, 자신의 가장 뜨거운 열정과 직업을 결합시켰다.

두 번째 지점은 논란의 소지가 있다. 취미나 관심사를 직업으로 승화시킨 것이 성취감에 이르는 전환점이었다는 사람들도 있지만, 반대로 취미는 취미로만 머물러야 한다고 말하는 이들도 있기 때문이다. 취미가 모형 기차 만들기라고 해서 그것을 온라인으로 판매하는 회사를 차린다면 온갖 스트레스에 시달려서 원래 갖고 있던 열정과 즐거움을 잃어버릴 수도 있다. 매출이 나오지 않아 걱정인 어느 날이면, 비 오는 일요일 오후에 자동차 엔진을 손보던 아련한 추억에 사로잡혀 서글퍼할지도 모른다.

그러나 뒤에서 더 자세히 논의하겠지만, 일과 놀이를 일치시키는 것은 위험하긴 해도 한번쯤 도전해볼 만한 가치가 있다고 생각한다. 문화 평론가 팻 케인Pat Kane이 말했듯, 우리는 '자신의 세상에서 자기 자신과 열정, 열의를 가장 중요시하는 놀이 윤리'를 만들고 그에 따라 살아갈 필요가 있다.[50] 프랑스 작가 프랑수아 르네 드 샤토브리앙 Francois Rene de Chateaubriand도 이미 100여 년 전에 비슷한 주장을 펼쳤다.

진정한 삶의 고수는 일과 놀이, 노동과 여가, 몸과 머리, 공부와 휴식을 명확하게 구분하지 않는다. 그는 두 가지 중 뭐가 뭔지도 잘 알지 못한다. 무엇을 하든 그저 탁월함을 추구하고 그에 걸맞게 완성할 뿐, 그것이 일인지 놀이인지는 타인의 판단에 맡긴다. 그 자신은 언제나 두 가지를 모두 하고 있다.

좁고 깊게? 두루 넓게?

그런데 재능이나 열정을 좇아 직업을 선택하려고 하면, 또 다른 딜레마가 기다린다. 단 하나의 직업에 매진하는 스페셜리스트가 되어야 할지, 여러 분야의 재능과 열정을 두루 아우르는 제너럴리스트가 되어야 할지에 관한 고민이다. 자, 당신은 한 가지만 깊이 파서 높이 성취하는 사람이 될 것인가, 여러 가지를 광범위하게 널리 성취하는 사람이 될 것인가?

20세기 서구사회는 재능을 이용해 성공하는 가장 좋은 방법은 웨인 데이비스처럼 한 분야의 전문가가 되는 것이라고 가르쳤다. 이 이데올로기는 산업혁명 시기에 처음 등장한 노동 분업에 뿌리를 두고 있다. 당시에는 대부분의 업무를 세분화해 처리함으로써, 효율성과 생산성을 극대화하는 게 목표였다. 그래서 지금까지도 많은 사람들이 기업 전문 세무사나 도서관 정보제공 사서, 마취과 의사처럼 한정된 분야에서 일하고 있다.[51]

해당 직무에 필요한 기술을 갖추고 있고, 그 일에 열정도 있다면 '전문화'는 아무 문제도 되지 않는다. 아니, 전문가라는 자부심도 덤으로 느낄 수 있다. 다만 조심해야 할 것은 '싫증'이다. 전문직의 특성상 똑같은 업무가 반복될 수밖에 없기 때문. 외과 의사들을 대상으로 한 어느 연구에 따르면, 편도선이나 맹장 수술만 전문으로 하는 외과 의사들의 경우 쉽게 지루함을 느끼기 때문에 돈을 아무리 많이 벌어도 불만족이 생긴다고 한다.[52]

게다가 전문화를 중시하는 현대사회의 가치관에도 취약점이 있음이 조금씩 나타나고 있다. 대부분의 사람들이 직관적으로 인식하고 있듯이, 누구에게나 여러 개의 자아가 존재한다는 사실이다(커리어 컨설턴트들은 이제야 조금씩 깨달아가는 것 같다). 경력전환 분야의 전문가인 헤르미니아 이바라 Herminia Ibarra는 어느 책에서 이렇게 말했다.

> 직업 정체성은 존재의 핵심에 숨어 발견되기만을 기다리는 단 하나의 보물이 아니다. 그것은 수많은 가능성으로 구성된다. 인간은 여러 개의 자아로 이루어진 존재다.[53]

이를테면 당신이 지금 고등학교 영어 교사라고 해서, 성취감을 느낄 수 있는 유일한 직업이 교사인 것은 아니다. 인간의 경험과 관심사, 가치, 재능은 복잡하면서도 다중적이어서 어느 날 갑자기 웹디자이너, 경찰관, 유기농 음식점 사장 같은 직업에서도 성취감을 느낄 수 있다.

이러한 사실은 우리에게 커다란 의미와 함께 일종의 해방감을 선사한다. '전문화'라는 제한된 울타리를 벗어나 여러 가지 일을 성취함으로써 의미 있는 직업을 찾을 수 있다는 가능성을 안겨주기 때문이다. 어른이 된 이후에도 자아의 다양한 측면을 개발한다면 여러 개의 자아를 활짝 펼칠 수 있다.

여러 분야에 널리 도전해서 성취하는 방법에는 두 가지가 있다. 동시에 여러 직업에 도전하는 '르네상스 제너럴리스트'와 한 번에 하나씩 차례로 시도해보는 '연속 스페셜리스트'가 그것이다. 그 두 가지를 좀 더 자세히 알아보자.

첫째, 르네상스 제너럴리스트는 자신이 가진 여러 재능과 성격적 특성을 개발해야만 완전한 인간이 될 수 있다는 르네상스 시대의 이상을 모델로 한다. 역사상 가장 위대한 르네상스 제너럴리스트는 레오나르도 다빈치일 것이다. 그는 화가였을 뿐 아니라 엔지니어, 발명가, 과학자, 철학자인 동시에 음악가였다. 그의 노트에는 놀라울 정도로 다양한 주제에 관해 적혀 있다. 말馬을 해부한 스케치, 하늘을 나는 기계의 발명 계획, 태아나 천문학에 대한 관찰기록, 연극 의상 디자인, 화석 연구 등… 오늘날의 어느 천재가 그처럼 다방면에서 성취를 이룰 수 있을까.

미술사학자이자 평론가인 케네스 클라크Keneth Clark의 말마따나 다빈치는 '역사상 가장 지칠 줄 모르는 호기심의 소유자'였다.[54] 그는 권력에 굶주린 공작을 위해 일주일 동안 전쟁 기계를 발명하는 한편, 예술에 일가견이 있는 후원자의 초상화를 그리고, 틈틈이 구름의 움직임을 관찰했다.

일찍이 레오나르도 다빈치는 경영사상가 찰스 핸디Charles Handy가 만들어낸 신조어 '포트폴리오 노동자portfolio worker'의 본보기였다. 포트폴리오 노동자란 여러 가지 다양한 직업 포트폴리오를 개발해서 각각 파트타임으로, 그것도 가능하면 프리랜서로 일하는 사람이다. 일주일에 사흘은 개발 경제학자로, 나머지는 웨딩 사진작가나 온라인 서점 경영자로 일하는 것이다. 몸과 머리를 골고루 쓰고 싶다면 소프트웨어 프로그래머와 발레 교사로 시간을 나눠 일할 수도 있다.

핸디는 이것이 경제적으로 불안한 시기에 실업률을 낮춰주는 현명한 생존전략이라 보았다. 하지만 포트폴리오 근무를 '어쩔 수 없는 생존전략'으로만 바라보는 것은 적절치 않다. 동시에 여러 가지 직업을 가진다는 르네상스적 관점을 긍정적으로 수용한다면 내면의 다중자아를 분석하고 개발할 수 있다.

그런데 르네상스 제너럴리스트가 되려면 수많은 난관이 따른다. 특히 프리랜서로 여러 분야의 일을 하다 보면 경제적 불안정을 피하기 어렵다(어쩌면 이게 가장 큰 문제일 수도 있는데, 이 문제에 대해서는 4장에서 다시 생각해보자).

이 문제에 대한 대안으로 연속 스페셜리스트가 되는 것은 어떤가? 이 방법을 활용하면 자신의 다양한 재능과 열정에 흠뻑 취할 수 있다. 한꺼번에 여러 직업에 도전하는 대신 여러 가지 직업을 차례로 섭렵하는 것이다. 우선 PR 분야에서 일하기 시작해서 유스호스텔 운영, 프리랜서 정원사까지 뻗어갈 수도 있다.

이렇게 여러 분야에 널리 도전해서 성취하는 방식은 은퇴 시기가 계속 앞당겨지고 수명은 점점 길어지는 요즘 같은 세상에서 특히 빛을 발한다. 은퇴 이후에 펼쳐지는 50년 가까운 시간 동안 여러 가지 직업에 시도해볼 수 있으니 말이다. 한 번이라도 직업을 완전히 바꿔본 사람이라면 그 과정이 주는 건강한 긴장과 활력을 알 것이다. 특히 전직 결과가 좋았다면 그 의미는 남다르다. 매력을 느끼지 못하는 일을 하면서 평생을 낭비할 바에야 자아의 새로운 측면을 탐색해보는 것이 더 가치 있을 것이다.

리사 브리도Lisa Brideau의 예를 들어보자. 리사는 NASA(미항공우주국)에서 디자인 프로젝트를 수행하는 우주항공 엔지니어였다. 일을 시작한 지 몇 년 후, 리사는 그 일이 기대했던 것만큼 흥미롭지 않고 자신이 빼어나게 잘할 수 있는 일도 아니라는 것을 깨달았다. 리사는 새로운 길을 모색하기 시작했다.

"알고 보니 주변에 답이 있더군요. 제가 살고 있던 끔찍한 위스콘신 주 교외에 말이죠. 바로 도시계획이었어요. 도시가 커지면서 점점 삭막하게 변하는 모습을 보고 있자니 분통이 터져서 제가 직접 나서야겠다고 결심했어요. 사실 굉장히 무모하게 뛰어든 거였죠. 도시계획에 관한 책도 읽고 인근 대학에서 도시지리학 강의도 들은 다음 대학원에 입학했어요. 공부를 마치고 시청 도시계획 부서에서 일하게 되었죠. 밑바닥부터 차근차근 올라가야 했지만, 따지고 보면 그게 다 실력을 키울 수 있는 시간이었어요. 전 지금도 도시계획이 멋진 일이라고 생각해요. 무한한 매력이 있죠.

네, 운이 좋았던 것도 사실이에요. 대학원에 진학할 만한 경제적 여유가 있었으니까요. 하지만 진로를 쉽게 바꿀 수 있었던 진짜 이유는, 평생 한 가지 일만 하면서 살지 않을 거라고 생각했기 때문이었어요. 세상에 흥미진진한 일이 얼마나 많은데, 왜 한 가지 일만 하고 살아야 하죠? 누구든지 살면서 적어도 한 번쯤은 직업을 바꿔봐야 한다고 생각해요."

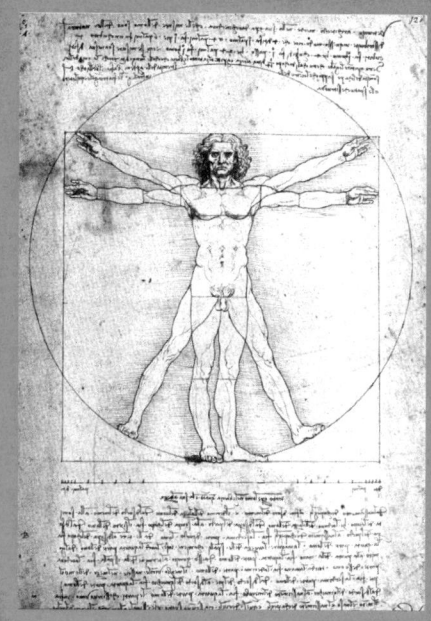

다빈치는 여러 분야에
널리 도전하는 르네상스적 성취자의
진수를 보여주는 상징이다.

레오나르도 다빈치가 그린 '비트루비안 맨 Vitruvian Man', 1487년경 작품.
Photograph ⓒ Garry Gay

리사는 타고난 연속 스페셜리스트다. 평생 한 번쯤은 직업을 바꿔 봐야 한다는 그녀의 말은 훌륭한 조언 아닌가? 동기와 야망은 시간이 흐르면서 변화하는 데다 우리가 미래의 관심사를 정확히 예측할 수도 없으니 말이다. 연속 스페셜리트의 길이야말로 다양한 재능과 열정을 개발해서 마치 눈 속에 파묻힌 씨앗처럼 우리의 내면 깊숙한 곳에 숨은 다양한 인생을 살아볼 수 있는 방법일지도 모른다.

'당신은 어떤 분야들을 두루 성취할 수 있는가?'

여러 개의 자아를 상상하라

우리에게 의미를 주는 여러 가지 동기를 탐구해보면, 의미 있는 직업이란 내재적 보상을 추구하는 이들에게 주어지는 상인 것도 같다. 세상을 바꾸거나 자신의 재능을 활용하거나 열정을 좇거나 또는 그 세 가지를 모두 추구하는 사람들 말이다. 누구나 어느 정도의 돈과 사회적 지위를 원하지만, 외적인 동기만 고려해서 직업을 결정한다면 인생의 숭고한 의미를 찾을 수 없다.

이제는 실용적으로 생각할 차례다. 지금까지 살펴본 다섯 가지 동기 요소를 활용해 성취감을 주고 인생을 윤택하게 만들어주는 직업을 찾으려면 어떻게 해야 하는지, 구체적인 방법에 대해 알아보자. 다섯 가지 요소를 모두 충족해주는 꿈의 직업을 찾으라는 말은 아니다. 현실에서는 헛되이 이상향을 추구하지 않는 편이 현명하다. 대신 여러 자아를 반영하는 다양한 가능성을 찾고 현실에서 시험해보자는 말이다. 다음에 소개하는 세 가지 과제를 차례대로 수행해본다면 큰 도움이 될 것이다.

선택지도 만들기

첫 번째는 선택지도다. 어느 길로 갈지 초점을 맞추기 전에, 지금까지 걸어온 길을 돌아보는 것이 목적이다. 우선 10분 동안 지금까지 당신이 거쳐온 직업을 지도로 그려보자. 어떤 형태든 괜찮다. 지그재그로 선을 그리거나 나뭇가지 모양이나 미로를 그려도 된다. 어떤 모양이든 이 지도에는 지금까지 당신이 거쳐온 직업뿐 아니라, 그 길을 택하도록 영향을 미친 동기와 영향력도 반드시 표시해야 한다. 돈을 더 많이 벌기 위해서, 또는 사회적 지위 때문에 내린 결정이라는 사실도 표시한다. 재능이나 열정, 가치관에 따른 결정도 마찬가지다. 또한 교육에 관련된 선택이나 부모의 기대, 전문가의 조언이나 기회 등의 요소가 있다면 그것도 반드시 적어둔다. 지금까지 단 한 가지 직업만 가졌더라도 왜 그 직업을 선택했고 어떤 경로로 거기에 도달했는지 표시한다.

이제 10분 동안 완성된 그림을 보면서 다음의 세 가지 질문에 답해보자.

'당신이 그린 선택지도에서 볼 때, 당신은 지금까지의 워킹 라이프에 어떤 방식으로 접근했는가?' 2년 이상 똑같은 일을 한 적이 없다든가, 스스로 주도적으로 직업을 선택하기보다는 어쩌다 시작하게 됐다는 등 반복되는 패턴이 보일 것이다.

'돈, 사회적 지위, 존중, 기여, 열정, 재능 중 당신이 직업을 선택할 때 가장 중요하게 생각하는 동기는 무엇인가?' 중요한 순서대로 순위를 매겨보자.

'앞의 동기 중에서 미래의 직업 선택에 가장 우선적으로 고려하고 싶은 두 가지 요소는 무엇인가? 그 이유는?'

답을 적었다면 다음 과제로 넘어가보자.

상상의 직업 나열하기

'상상의 직업'은 줄리아 카메론Julia Cameron, 존 윌리엄스John Williams의 아이디어로부터 응용한 생각 실험이다.[55] 이들은 경력전환 분야의 전문가이자 베스트셀러 작가이기도 하다. 다음의 과제를 통해 직업에 대한 당신의 모호한 생각을 좀 더 구체적인 직업 선택지로 발전시킬 수 있다.

'5개의 별이 있다고 생각해보자. 당신은 각각의 별에서 1년 동안 머무르면서 무엇이든 원하는 직업을 가질 수 있다. 어떤 일을 하고 싶은지 다섯 가지 직업을 생각해보자.'

당신 내면에 있는 여러 개의 자아를 한껏 활용해서 즐겁고 과감하게 상상력을 펼쳐보자. 음식 사진을 전문으로 찍는 사진작가, 국회의

원, 태극권 사범, 청소년 교육 분야의 사회적 기업 CEO, 다방면에 도전하는 제너럴리스트가 될 수도 있다. 일례로 자신의 일에 회의를 느끼기 시작한 어느 다큐멘터리 영화감독은, 하고 싶은 일을 묻는 질문에 '마사지 테라피스트, 조각가, 첼리스트, 시나리오 작가, 카나리아 제도의 외딴 섬에 있는 술집 사장'이라고 답했다. 당신의 눈빛을 반짝이게 할 직업은 무엇인가?

이제 현실로 돌아와 당신이 선택한 다섯 가지 직업을 자세히 들여다보자. 그 직업들이 매력적으로 보이는 이유는 무엇인가? 답을 적고 다시 읽어보면서 아래 질문에 답해보자.

'이 다섯 가지 직업은 이전 과제에서 답한, 미래의 직업 선택에서 가장 중요하게 고려하는 두 가지 동기 요소에 부합하는가?'

당신이 앞에서 '세상에 기여하기'와 '사회적 지위'라고 답했다면 상상의 직업에서 쓴 직업들이 그 두 가지를 충족시켜주는지 확인한다. 당신이 직업의 어떤 점을 중요시하는지, 진정으로 어떤 경험을 원하는지 파헤쳐보는 것이 이 과제의 핵심이다.

나만의 구직광고 만들기

앞서 실시한 두 가지 과제를 통해 가능성 있는 직업들을 좀 더 분명히 파악했을 것이다. 하지만 당신에게 성취감을 느끼게 해주는 직업이 무엇인지, 당신이 가장 잘 판단할 수 있다고 속단하지는 말기 바란다. 나만의 구직광고 만들기를 하면서 이번에는 타인에게 조언을 구해보자.

이 과제는 일반적인 진로탐색 방법과는 정반대다. 회사가 낸 구인광고를 보고 일자리를 찾는 게 아니라, 스스로를 홍보하는 구직광고를 만드는 것이다.

이 과제는 두 단계로 이루어진다.

첫째, 당신이 어떤 사람인지, 인생의 어떤 점을 소중하게 여기는지에 대해 1쪽 미만의 분량으로 정리해 스스로를 홍보하는 구직광고를 써본다.

무슨 내용을 쓰는 게 좋을까? 당신의 재능이나(몽골어를 할 줄 안다거나 베이스 기타를 친다거나), 열정(꽃꽂이나 스쿠버다이빙을 좋아한다거나), 당신이 믿는 핵심가치나 명분(야생동물 보호, 여성 인권 등) 등에 대해 쓴다. 성격적인 특징이나 장단점도 적는다(재치가 있다거나 자신감이 부족하거나). 그 밖에 당신에 관한 중요한 사실이라면 빼놓지 않고 다 적는다(당신이 생각하는 최소한의 급여 수준이나 해외에서 근무하고 싶다거나). 다만 특별히 선호하는 직업이나 학력, 경력 등은 밝히지 말라. 여기서는 기본적인 동기와 관심사 정도만 쓴다.

둘째, 이제 흥미로운 순서가 기다리고 있다. 바로 모니터링 및 추천이다.

경찰관인 삼촌이나 만화가인 친구 등 다양한 직업을 가진 주변 사람들에게 당신이 만든 구직광고를 이메일로 보내고 거기에 어울리는 두세 가지 직업을 추천해달라고 부탁한다. 단, 구체적이어야 한다. "아이들과 함께하는 직업이 어울리겠네."가 아니라 "리우데자네이루의 노숙자 아이들을 위해 일하는 자선단체가 좋겠어."처럼 자세하게 말해달라고 부탁한다.

주위 사람들의 피드백을 모아보면, 당신이 지금까지 상상도 하지 못했던 다양한 '유망 직업 리스트'를 확보할 수 있을 것이다. 미래의 직업에 관한 다양한 아이디어를 얻을 뿐 아니라 당신의 여러 자아를 객관적으로 살펴보는 것이 이 과제의 목적이다.

지금까지 세 가지 과제를 통해 당신이 생각하는 '의미'의 다양한 측면을 살펴보았다. 이제는 당신이 의미 있어 할 만한 직업이 무엇인지 좀 더 자신 있게 떠올릴 수 있을 것이다. 그렇다면 이제 뭘 해야 할까? 당장 이력서를 보내겠다고? 아니, 너무 성급하다.

이제는 머릿속에서 구상한 이 '가능태'들이 현실 세계라는 다소 험난한 곳에서 '현실태'가 될 수 있는지 실험해봐야 한다. 자, 바야흐로 '근본적 안식기'를 가질 차례다.

---

* **프로테우스** 그리스 신화에 나오는 늙은 해신海神으로, 세상 만물로 모습을 바꿀 수 있는 능력을 가지고 있다.
** **에우다이모니아** 아리스토텔레스가 정의한 '인간의 고유한 기능이 덕에 따라 탁월하게 발휘되는 영혼의 활동.' 이 최상의 좋음은 성취 가능하고, 완전하고 자족적이다.

How to Find Fulfilling Work
Roman Krznaric

**THE
SCHOOL
OF LIFE**

먼저 행동하고
나중에 고민하라

Act First, Reflect Later

Chap 4

새 길을 떠날
용기를 주소서

페미니즘의 선구자 메리 울스턴크래프트Mary Wollstonecraft는 1787년에 아일랜드의 부잣집 가정교사라는 직업을 버리고 작가라는 고난의 길을 택했다. 당시만 해도 그런 결정을 내리는 여성은 거의 없었다. 고갱Paul Gauguin은 파리에서 주식중개인이라는 안정적인 직업으로 성공을 누렸지만 1882년에 전업화가가 되었다. 그리고 알베르트 슈바이처Albert Schweitzer는 오르간 연주자와 신학자라는 빛나는 직업을 내버리고, 의사가 되기 위한 과정을 밟은 후 1913년에 아프리카 열대지방으로 건너가 나병 환자를 위해 병원을 세웠다.

과감하게 직업을 바꾼 사람들의 이야기는 많은 이들에게 영감을 준다. 그러나 한편에서는 무모한 결정, 심지어 올바르지 않은 짓이라고 생각하는 사람들도 분명히 있다. 왜 그럴까? 그런 사람들은 대부분 직업 진로를 바꾸려는 꿈을 꾸면서도 막상 실천할 용기가 없는 이들이다. 서구사회를 예로 들면, 절반이 자신의 직업에 만족하지 못하지만 그중 4분의 1은 두려움과 자신감 부족으로 감히 변화를 추구하지 못하고 있다.[56]

13세기 페르시아의 시인 사디Sa'di는 "상어를 무서워하면 결코 진주를 손을 넣을 수 없다."고 했다. 그 상어는 끊임없이 우리의 마음속에 나타나 새로운 미래로 뛰어들지 못하게 만든다. 당신이 지금 뛰어들지 못하면 상어는 죽는 순간까지 당신의 마음속을 휘젓고 다닐 것이다.

당신에게 성취감을 느끼게 해줄지도 모르는 여러 가지 직업, 즉 '잠재적인 자아'를 발견했는가? 그렇다면 축하한다. 조그마한 가게를 내거나, 변호사가 되기 위해 새로 공부를 시작하거나, 프리랜서 번역가가 되고 싶어 하는 자아일 수도 있다. 그렇다면 변화를 시도하기로 결정했는가? 아직은 아니라고? 이해한다. 변화에 필요한 용기를 내

기란 여간 어려운 게 아니다. 변화에 이르기까지 매 단계에서 올바른 선택을 내릴 수 있을지 자신이 없을 것이다.

변화를 시도하다 보면 필연적으로 어떤 결과가 뒤따를지 알 수 없는 불안의 단계에 이르는데, 웬만한 긍정적 사고방식으로는 떨쳐내기 어렵다. 불안을 극복하려면 낙천적인 생각 외에 다음의 사항을 고려해야 한다.

첫째, 두려움의 심리, 즉 직업진로를 바꾼다는 생각이 왜 불안을 일으키는지 그 이유를 알아야 한다.

둘째, '근본적 안식기'나 '가지치기 프로젝트', '대화 리서치'처럼 실험적인 프로젝트로 잠재적인 자아를 직접 시험해봐야 한다. 이 내용은 나중에 좀 더 자세히 살펴볼 예정이다.

마지막으로 셋째, '몰입'의 개념에 대해 살펴볼 필요가 있다. 몰입은 의미, 자유와 함께 일의 성취감을 느끼게 해주는 요소다. 또한 효과적인 선택을 하는 데도 유용한 기준이 되어준다.

전통적인 경력변화 모델에서는 먼저 촘촘히 계획을 세운 후에 행동하라고 조언한다. 그러나 변화에 도전해 평생의 직업을 찾기 바란다면 정반대 전략을 추구해야 한다는 사실이 점차 분명해질 것이다.

다시 말해서 먼저 행동하고 나중에 생각해야 한다. "경험은 내 정부情婦다."라는 레오나르도 다빈치의 아슬아슬한 신조를 기꺼이 따라야 한다.

변화가 두려울 수밖에 없는 이유

직업을 바꾸겠다는 생각은 누구에게나 불안감을 준다. 오디세우스 Odysseus 같은 고대 그리스 신화의 영웅처럼 용기 있는 사람들도 있지만 그게 몇 명이나 되겠는가. 대부분은 두려움에 사로잡혀 새로운 방향으로 나아가기를 주저한다. 새로운 직업이 기대만큼 만족스럽지 못할까 봐, 새 분야에서 성공하지 못할까 봐, 진로를 바꾸기에는 나이가 너무 많아서, 돈 들어갈 데는 점점 늘어나는데 경제적으로 어려워질까 봐, 또는 새 일이 잘되지 않았을 때 원래 하던 일로 돌아갈 수 없을까 봐 두려워한다.

실패에 대한 두려움은 누구나 느끼는 고통의 원인이다. 건장한 육군 장교에서 억만장자 CEO, 장관에서 유명 소설가에 이르기까지. 나처럼 대단하지 않은 사람에게도 고해성사하듯 속내를 토로하는 이들이 많다. 유명 영화제에서 상까지 받은 어느 다큐멘터리 감독은 내게 이렇게 말했다.

"보통은 불안하다는 표시를 하지 않죠. 겉으로는 자신감 넘쳐 보이지만 속으로는 내가 중간이나 하는지도 잘 모르겠어요."

모든 사람들의 영혼에 새겨져 영원히 사라지지 않는 질문은 '내가 정말 할 수 있을까?'다.

미래를 확신할 수 없어서 불안할 때, 다른 사람들도 마찬가지라는 사실을 떠올리면 잠시나마 위안이 될 것이다. 12년 동안 번역회사의 프로젝트 매니저로 일한 앤 그레이엄Anne Marie Graham은 외국어 학습을 지원하는 자선단체에 들어가려고 직장을 그만뒀다. 그때만 해도 그녀는 경험이 전무한 분야에서 성공할 수 있을지 알 수 없어 불안하기만 했다.

"속속들이 잘 아는 전문 분야를 떠나서 아무것도 모르는 일을 새로 시작한다는 게 얼마나 두려운지, 안 겪어본 사람은 몰라요. 나이는 벌써 서른이 넘었고…. 첫해에는 완전히 길을 잃은 느낌이었어요. 일을 제대로 하기는커녕 아무리 열심히 해도 동료들을 도저히 따라갈 수가 없었어요. 제 능력 밖이라는 생각뿐이었죠. 예컨대 회의를 할 때도 다른 사람들은 전부 다 아는 얘기를 저만 못 알아듣는데도, 그냥 이해하는 척했어요. 다들 어찌나 유능해 보이던지, 바보가 된 느낌이었죠.

그러던 어느 날 친한 동료와 저녁식사를 하면서 제 고충을 털어놨더니 동료가 그러더라고요. 다른 사람들도 전부 다 '아는 척'하고 있는 건지도 모른다고 말이에요. 그 말을 듣고 나서는 확실히 제 능력에 대해 덜 의심하게 됐어요. 좌절감과 자괴감도 줄어들었고요. 생각해보니 그 전에 하던 일도 처음에는 벅차고 힘들었던 것 같아요. 너무 오래전이라 까맣게 잊고 있었던 거죠. 여하튼 그 깨달음 덕분에 땅에 떨어졌던 자신감이 회복되면서 업무 성과에도 큰 변화가 생겼어요."

누구나 당신과 똑같은 두려움을 느낀다. 겉으로는 자신감이 넘쳐 보여도 속으로는 확신이 없다. 하지만 '다 그러니까 어쩔 수 없는 일'이라고 치부하기에는 불안감이 너무 거대하다. 직업을 바꾸는 게 특별히 더 불안한 이유가 뭔지 좀 더 내밀한 이유를 알아볼 필요가 있다. 왜 우리는 불안감 따위를 가볍게 떨쳐내지 못할까? 왜 과감하게 사직서를 내지 못하고, 새로운 길을 떠나지 못한 채 바라만 보고 있는 것일까?

그 답은 인간이 위험에 직면했을 때 보이는 특정한 태도에 있다. 심리학자 아모스 트버스키Amos Tversky와 대니얼 카너먼Danial Kahneman은 1970년대에 인간이 잠재적 손실과 이익을 평가하는 방식에 대한 실험을 했다. 그 결과 인간은 얻는 것보다 잃는 것을 2배 더 싫어한다는 사실이 드러났다. 도박에서든 직업 진로를 바꿀 때든 똑같았다. 트버스키는 이렇게 말했다.

"사람은 긍정적인 자극보다 부정적인 자극에 훨씬 더 민감하다. (…) 우리의 기분을 좋게 해줄 수 있는 것들은 한정돼 있지만, 나쁘게 만들 수 있는 것은 무궁무진하다."[57]

진화생물학자들은 인간이 '부정적인 선입견'에 치우치는 이유를 찾으려고 노력했다. 그들은 이렇게 추정한다. 험난한 아프리카 초원 지대에서 살아남아야 했던 초기 인류는 위험을 민감하게 감지하지 못하면 생존할 수 없었다. 그 결과 '위험에 대한 민감성'은 중요한 생존 도구가 되어, 시간이 갈수록 그것을 더 집중적으로 발달시켰다는 것이다.

요컨대 우리 현대인이 겪는 '불안'은 조상들이 경험한 태곳적 공포의 산물인 셈이다. 조상들에게 불확실한 앞날의 목표란, 사자가 나타날지도 모르는 상황에서 벗어나 먹음직스러운 열매가 잔뜩 매달린 나무를 찾아내는 일이었을 것이다.

  이러한 일련의 이유로 사람들은 직업을 바꾸려고 할 때 잘못될 수 있는 모든 경우의 수를 따지고 최악의 상황들을 구체적으로 떠올린다. 마찬가지로 우리는 새 직업이 자신에게 잘 맞을지 안 맞을지 생각할 때, 자신의 강점보다 약점을 강조하는 경향이 있다. 예컨대 '난 독창적인 아이디어를 잘 떠올려'가 아니라 '난 사회적 기업을 경영하기에는 사업수완도 없고, 감각도, 머리도 안 따라주는걸' 하고 생각하기 쉽다. 결과적으로 자신의 약점에 대해 지나치게 확대해석하고 능력을 의심하게 되므로, 성취감을 느끼지도 못하는 현재 직업에 계속 머물러 있을 수밖에 없다.[58]

  소설가 버지니아 울프Virginia Woolf는 "자기 확신이 없으면 인간은 요람에 누운 아기와 같다."고 했다. 맞는 말이다. 관건은 위험을 무릅쓰기 싫어하는 본능과 두려움을 어떻게 극복하고 변화에 필요한 용기를 찾느냐다.

1년에 30개의 직업
가져보기

　로라 반 보슈Laura van Bouchout는 마침내 전문가의 도움을 받기로 결심했다. 20대 후반에 이미 문화 이벤트에 연관된 5개의 직업을 거친 그녀는 정말 좋아하는 직업을 찾을 수 없을 거라는 무력함에 빠진 상태였다. 다행히 그녀가 사는 벨기에에서는 12개월 이상 근무한 경력이 있는 직장인이라면 누구나 무료로 직업상담을 받을 수 있었다. 로라는 성격검사를 하고 상담을 받으면서 몇 가지 질문에 답하고 나서, 지금까지의 직업이 그녀의 성격에 전혀 맞지 않는다는 결과를 통보받았다. 고난은 그때부터 시작되었다. 로라는 자신에게 맞는 직업이 무엇인지 찾아야 했다.

　상담사는 로라에게 그녀가 꿈꾸는 직업과 존경하는 유명인들의 직업을 써보라고 했다. 그러나 다음 상담 때, 몇 페이지에 거쳐 꽉꽉 채운 직업목록을 보고는 상담사도 로라만큼 혼란에 빠졌다. 로라는 그때를 떠올리며 말했다.

　"상담사는 어디서부터 시작해야 할지, 제게 어떤 조언을 해줘야 할지 몰라 쩔쩔맸어요. 결국 아무런 답도 얻지 못하고 상담을 그만뒀죠. 친구들한테 두어 달 동안 불평만 하고 있으려니 문득 리스크가 따르더라도 실험을 해봐야겠다는 생각이 들었어요."

그녀의 실험은 다음과 같았다.

"서른 번째 생일 때까지 1년 동안 30가지 직업에 도전해보기로 했어요. 제게 맞는 직업을 찾는 데 1년이라는 시간을 통째로 쏟아붓기로 한 거죠. 요즘 저는 음악 행사의 프로그램 기획자로 아르바이트를 하면서 생활비를 벌어요. 나머지 시간에는 평소 제가 동경해온 직업이나, 흥미를 가진 직업에 대해 조사하죠. 실제로 그 일을 하는 사람에게 연락해서 한 달만이라도 함께 일할 수 없는지 물어보고 기회를 달라고 부탁해요. 지금까지 패션 사진작가, 숙박업소 리뷰작가, 광고회사의 크리에이티브 디렉터, 고양이 호텔 사장, 유럽의회 의원, 재활용 센터 소장, 유스호스텔 매니저 같은 사람들에게 부탁해서 그들과 함께 일하며 그 직업을 체험해봤어요."

그녀는 그래서 원하던 직업을 찾았을까? 아직은 아니라고 했다. 대신 그녀는 예상치 못했던 사실을 깨달았다.

"저는 새로운 직업에 도전할 때마다 기준을 만들었어요. '이건 이래야 하고, 저건 저래야 하고…' 등등 제 나름의 조건이랄까, 요구사항 같은 것들이요. 그런데 일을 해보니 제가 생각한 조건과 일치하는 직업을 찾는다는 게 얼마나 허황된 시도인지 알게 됐어요. 한마디로 말도 안 되는 거였죠.

어떻게 보면 남자친구 사귀는 것과 비슷해요. 전 미혼이었을 때 마음속으로 남자친구의 조건을 목록으로 만들어놓고 있었거든요. 하지만 정작 그 기준에 일치하는 남자들에게서는 아무런 끌림도 없었어요. 그러다 어느 순간 해당사항이 몇 가지 안 되는 남자가 나타나 제 마음을 사로잡아버렸죠. 직업을 찾을 때도 그래야 한다고 생각해요.

이건 어느 광고회사 크리에이티브 디렉터 밑에서 일을 배우며 알게 된 사실이에요. 광고회사에서 일한다는 게, 솔직히 제 이상과는 전혀 맞지 않는 조건이었거든요. 하지만 저는 그 일에 푹 빠져버렸어요. 이리저리 생각하고 계획을 세우는 일이 중요한 게 아니라, 될수록 많은 직업과 사귀어보는 게 방법인지도 몰라요. 진정으로 푹 빠질 수 있는 직업을 만날 때까지 말이죠."

로라는 30개의 직업에 도전하면서 매우 중요한 사실을 직접 체험한 셈이다. '먼저 행동하고 나중에 고민하라'는 사실 말이다. 어쩌면 이 교훈은 진로를 변경하는 문제에 관한 지난 30년의 모든 연구에서 드러난 가장 중요한 사실일지도 모른다.

지금으로부터 100여 년 전에 프랭크 파슨스가 보스턴에 직업국을 세운 이후로 새 직업을 찾으려면 '실행하기 전에 먼저 계획하라'는 조언이 쏟아졌다. 이 모델은 자신의 강점과 약점, 기술, 관심사, 야망의 목록을 만드는 심오한 내면탐색으로부터 시작한다. 더불어 성격검사나 상담사의 도움을 받기도 한다. 그다음에는 각종 산업 분야와 직종을 철저하게 연구해서 자신의 능력과 선호도에 가장 잘 맞는 직업을 찾는다. 그것을 토대로 최종적인 결정을 내린 후 행동계획을 세우고 이력서를 보내 구직활동을 시작하는 것이다.

그러나 이 모델은 문제점이 있다. 한마디로 성공 가능성이 낮다는 점이다. 실전 경험을 하지 않은 채 새로운 분야에 뛰어들기 때문에 자신과 맞지 않는 경우가 허다하다. 앞에서 로라가 말한 것처럼 머릿속의 기준 목록에는 일치하는 직업인데 마음으로 사랑에 빠지지 못하는 것이다. 완벽한 직업을 끊임없이 찾아 헤매면서 최선의 선택을 하려다 혼란에 빠지고, 결국 두려움과 망설임 때문에 아무것도 하지 못한다. 배리 슈워츠가 말한 선택의 역설에 빠져버린다.

직업 진로를 바꿀 때는 기존의 접근방식과 정반대로 다가가야 한다. 합리적으로 계획을 세우려는 자세는 인생에 대체로 유익하지만,

직업 선택에서는 적합하지 않다. 그보다는 '먼저 행동하고 나중에 고민하라'는 철학으로 바꿔야 한다. 지금은 안락의자에 앉아 곰곰이 생각에 잠기거나 직업센터에서 파일을 뒤적거릴 때가 아니다. 먼저 고민하고 행동하는 사람이 아니라, 먼저 행동하고 고민하는 좀 더 유쾌하고 실험적인 사람이 되어야 한다.

최근에 발표된 어느 연구결과에 따르면, 성공적으로 변화하기 위해서는 상당한 실험학습이 필요하다. 책만 읽고 목수가 될 수 없듯이, 실제 행동을 취하지 않고는 직업을 바꿀 수 없다. 우선 우리는 목적과 의미를 주리라 기대되는 직업, 즉 '잠재적 자아'를 찾아야 한다. 앞에 나온 내용이 그 자아를 찾는 데 도움이 될 것이다. 그다음에는 로라처럼 실험 프로젝트에 들어가 실전경험을 쌓아야 한다. 다양한 직업을 직접 체험해보고 그 일을 하는 사람들을 만나봐야 더 확실하고 현명한 결정을 내릴 수 있다. 헤르미니아 이바라도 그렇게 주장했다.

> 진로를 바꿀 때 사람들이 저지르는 가장 큰 실수는 목적지에 도착할 때까지 첫 단계를 밟지 않고 미룬다는 것이다. (…) 변화를 창조하는 유일한 방법은 잠재적 자아를 움직이도록 하는 것뿐이다. 잠재적 자아가 일을 하고 기술을 익혀서 충분한 경험을 쌓도록 해야만 실제

단계를 밟을 때 도움이 된다. (…) 우리는 자신의 내면을 들여다보는 것이 아니라 현실에서 시험함으로써 자신에 대해 배운다. (…) 자기성찰은 나중에, 어느 정도 가속도가 붙어 새로 들여다볼 것이 생겼을 때 하는 것이 가장 좋다.[59]

실험 프로젝트에는 크게 근본적 안식기, 가지치기 프로젝트, 대화 리서치라는 세 가지 형태가 있다. 이제부터 차례대로 살펴볼 것이다. 세 가지 중 어떤 프로젝트가 당신에게 가장 적합한지는, 당신이 어떤 야망을 가졌고 지금 어느 단계에 있는지에 따라 달라진다. 무엇을 택하든 세 가지 방법 모두 가장 큰 성취감을 줄 수 있는 잠재적 자아를 찾는 데 도움이 된다.

근본적 안식기 갖기

세 가지 실험 프로젝트 중 가장 힘든 것은 근본적 안식기다. 이는 로라가 시도한 방식이기도 하다. 일정 기간을 바쳐 누군가의 밑에서 일을 배운다거나 관심 있는 단체에 들어가 자원봉사를 하는 것처럼 행동 기반의 프로젝트를 하는 것이다. 로라는 30가지 직업에 도전해 진정으로 원하는 직업을 찾는다는 특별한 생일 선물을 자신에게 주었다. 그녀는 뚜렷한 목적지 없이 아르바이트로 생활비를 벌면서 충분한 시간을 두고 모험을 했다.

로라와 달리 몇 달 동안 무급휴가를 쓴다거나 1년치 연차를 몰아서 사용하는 것으로도 근본적 안식기에 도전할 수 있다. '미래의 직업을 위한 휴가'인 셈이다. 비록 지금 하는 일에 만족한다 해도 최소한 1년에 일주일 정도는 새로운 직업에 대해 생각해보는 시간을 갖자. 새로운 세상에 눈을 돌리기 전까지는 현재의 일에 만족하지 않는다는 사실조차 깨닫지 못할 수도 있다. 누가 알겠는가, 고양이 호텔 운영이 당신에게 성취감을 줄지도.

가지치기 프로젝트

두 번째 형태의 실험 프로젝트는 좀 더 일반적이다. 이바라는 이것을 '임시 할당temporary assignment'이라 부른다. 사람들은 흔히 직업 진로를 바꾼다고 하면 인생이 완전히 바뀌는 엄청난 변화가 뒤따른다고 생각한다. 월요일 아침에 사직서를 제출하고서 미지의 세계에 과감히 발을 들여놓는 자신의 모습을 떠올리면서. 전직이 이렇게 과거와 절연하는 것이라면 누구든 몸을 사릴 수밖에 없다.

하지만 가지치기 프로젝트에는 그렇게 위험한 전략이 필요하지 않다. 현재 직업을 그만두지 않은 상태에서 잠재적 자아에 대해 알아보는 비교적 짧은 실험이기 때문이다. 견습이나 자원봉사 외에도 강의나 교육 프로그램을 통해 해당 분야에 살짝 발을 들여놓는 방법도 있다.

출판사에 다니는 사람이 일에 회의를 느껴 요가 강사가 되고 싶어 한다고 생각해보자. 그렇다면 어떻게 해야 하는가? 생각만 하지 말고 행동에 옮겨야 한다. 평일 저녁이나 주말에 요가를 배우면서 그것이 정말로 자신의 인생에 불꽃같은 활력을 불어넣어 주는지 확인해 봐야 한다. 만약 자신이 기대한 결과가 나온다면 요가 강사가 되어야겠다는 결심이 굳어지고, 현재의 직업을 그만둘 수 있는 자신감도 생길 것이다.

이렇게 가지치기 프로젝트를 실행하면 비교적 위험하지 않은 작은 노력을 거쳐서 커다란 결과에 다다를 수 있다. 한 단계를 거칠 때마다 자신감이 커져 앞으로 나아가기가 훨씬 쉬워지고, 태곳적부터 몸에 밴 위험 회피 본능도 극복할 수 있다. 몇 번 요가 수업을 들어보면 정말로 자신에게 맞는지 감이 온다. 요가 강사라는 직업에 정말로 만족할 수 있을지 더 이상 상상만 하지 않아도 된다. 직접 경험보다 나은 배움은 없다.

  요가 강사가 적합하지 않은 것 같다면 또 가지치기 프로젝트로 다른 잠재적 자아를 시험해본다. 한 달 동안 토요일마다 온라인 빈티지 옷 쇼핑몰을 운영하는 친구를 돕는다거나 하는 방법으로 말이다. 이렇게 여러 개의 잠재적 자아를 시험해보자면 시간은 좀 걸리겠지만, 성공적인 변화를 위해 반드시 필요한 과정이다. 시간을 아끼겠다는 욕심으로 대충 생략하는 것은 금물이다. 이바라 또한 "지름길로 가는 것은 위험을 자초하는 것이다."라고 경고한다.[60]

  나는 개인적으로 가지치기 프로젝트를 적극 추천한다. 나 역시 그 방법으로 진로를 새롭게 바꿀 수 있었다. 조그만 재단에서 프로젝트 디렉터로 일한 지 몇 년 되었을 때 일을 그만두고 삶의 기술을 가르치는 워크숍을 열고 싶었다. 하지만 그러자니 경제적 위험이 따를까 봐 걱정스러웠고 실패에 대한 불안도 컸다. 몇 달 동안 동료에게 "그만둬야 하나, 말아야 하나?" 하고 틈만 나면 고민을 털어놓았다. 동료는 말만 하지 말고 달력에 첫 워크숍을 시작할 날짜를 표시하라고 제안했다.

  그래서 나는 정말 그렇게 했다. 친구들에게 이메일을 보냈고 워크숍에 필요한 기니피그 10마리도 확보했다. 장소가 마땅치 않아 토요일에 우리 집 부엌에서 '사랑과 시간에 대한 새로운 생각'이라는 주제로 첫 워크숍을 열었다. 그렇게 나는 여전히 재단에서 일하면서 주말에는 부엌 식탁에서 몇 차례 워크숍을 진행한 후, 옥스퍼드에 있는 QI 클럽에 연락해 공개 이벤트 프로그램에 삶의 기술에 관한 강의를 포함시킬 생각이 없는지 물었다. 머지않아 내 강의는 그곳의 정기 프로그램으로 자리 잡았고 꽤 인기도 끌었다. 그렇게 몇 달이 지나자 실패에 대한 두려움이 사라졌고, 직장을 그만둬도 되겠다는 확신이 생겼다.

대화 리서치

실험 프로젝트의 마지막 형태는 대화 리서치다. 근본적 안식기나 가지치기 프로젝트보다 덜 위험하면서 효과는 그에 못지않다. 이는 말 그대로 다양한 분야의 사람들, 당신이 꿈꾸는 분야에 몸담고 있는 사람들과 대화를 나눠보는 방법이다. 너무 구태의연한 방법이라고 생각할지도 모르지만, 성공적으로 진로를 바꾸려면 반드시 '대화'가 필요하다.

우리가 사회적 관계와 동료집단의 구조 안에 갇혀 있다는 사실은 변화를 가로막는 가장 큰 장애물이다. 만약 당신이 변호사이고 다른 변호사들이나 관련 전문직 종사자들과 주로 어울린다면 당신의 이상과 야망도 그들과의 교류에 좌우될 것이다. 높은 연봉이나 좋은 집, 호화스러운 휴가를 당연히 누려야 하고, 일주일에 무려 60시간씩 일하는 것도 당연하다 생각될 것이다. 다시 말해서 우리의 사회적 환경은 독일의 사회학자 칼 만하임Karl Mannheim이 '세계관Weltanschauung'이라 부른, 선호도와 믿음 체계를 이루는 기본적인 마음의 틀에 강력한 영향을 미친다.

문제는 우리가 세계관이 크게 다른 사람들과 교류할 가능성이 거의 없다는 점이다. 톨스토이Lev Nikolayevich Tolstoy에 따르면 사람은 대부분 "본능적으로 인생관이 비슷하고 자신과 비슷한 위치에 놓인 사람들과 관계를 맺는다." 당신은 양봉업자나 주술을 이용한 치료사 등과 교류한 적이 있는가?

비슷한 사람들과의 교류는 결과적으로 기존의 우선순위와 가치관을 흔들어놓는 게 아니라 더욱 강화한다. 당신이 변호사를 그만두고 슈타이너 학교Steiner school 교사가 되고 싶어도 결국은 일시적이고 비현실적인 생각이라고 결론지을 것이다. 왜? 당신 내면에 그런 불안감이 있고, 당신의 친구들도 대부분 그렇게 말할 테니까.

내 개인적 경험으로 볼 때 세계관은 꿈을 펼치지 못하도록 가로막는 마음의 장애물이다. 대학 졸업을 앞둔 내가 떠올릴 수 있었던 직업 선택지라고는 투자은행에 취직하거나 공무원이나 저널리스트가 되는 것뿐이었다. 상상력의 범위가 왜 그렇게 좁았던 것일까? 왜냐하면 당시 내 주위에 있던 대학 동기들이 염두에 두었던 직업이 하나같이 그런 종류였기 때문이다. 거의 모두가 그런 것처럼 나 역시 대중을 따랐다. 하지만 결과는 참담했다. 투자은행에 면접을 보러 가서 나는 통화 거래가 아닌 분재 취미에 대해서만 떠들어댔다. 공무원 시험에도 떨어졌다. 그래서 저널리스트가 되었다. 그것도 오래가지는 못했지만.

　자신을 둘러싼 사회적 환경에 얽매이지 않는 가장 좋은 방법은 동료집단을 바꿔 자신과 전혀 다른 직업과 일상을 영위하는 사람들과 대화해보는 것이다. 정말로 변호사를 그만두고 싶다는 열망이 강하다면 변호사 친구들과 보내는 시간을 줄이는 편이 현명하다. 그들이 아무리 좋은 친구들이라도 말이다. 그 시간만큼 당신이 새롭게 가고자 가는 길로 이미 진로를 바꾼 사람들과 대화해보면 많은 가르침을 얻을 수 있다. 정말로 슈타이너 학교의 교사가 되고 싶다면 변호사나 의사 출신으로 슈타이너 학교의 교사가 된 사람을 찾아 점심식사를 청할 수 있지 않겠는가? 학자 생활에 싫증 나 정원 디자이너가 되고 싶다면 그와 비슷한 변화를 추구했거나 분야는 다르더라도 전혀 다른 진로로 바꾼 동료 학자를 찾아볼 수 있다.

대화 리서치는 특히 가지치기 프로젝트를 진행하기 어려운 상황에서 새로운 직업을 모색하고 싶을 때 효과적인 전략이다. 당신이 요가 강사인데 출판사를 차리고 싶다고 해보자. 요가 강사가 되고 싶다면 현재의 직업을 그만두지 않고도 요가를 배우면서 실험해볼 수 있지만 출판사 운영은 그렇지 않다. 여가시간에 조그만 출판사를 차려 저자 몇 명을 섭외해 정말로 당신에게 맞는 직업인지 알아볼 수 있을까? 그보다는 주변 인맥을 총동원해서 출판사를 운영하는 사람을 직접 만나 이야기를 들어보고 현실을 파악해보는 것이 더욱 합리적인 방법이다.

대화 리서치를 통해 새로 바꿀 직업에 따르는 즐거움과 고통을 사실적으로 이해할 수 있다. 당사자들에게 직접 이야기를 듣고 질문하는 편이 책을 파고드는 것보다 훨씬 효과적이다. 당신이 꿈꾸는 새로운 생활에 대한 생생한 그림도 그려볼 수 있다. 그뿐 아니라 관련 연구에서는 실제로 대부분의 사람들이 공식적인 루트가 아니라 개인적인 인맥을 통해 새로운 직업을 찾으며, 직업이 바뀌면 새로운 인맥이 필요해진다는 사실이 드러난다.[61] 대화 리서치는 이 두 가지 모두를 가능하게 해준다.

앤디 벨Andy Bell은 대화에 담긴 힘을 누구보다 잘 알고 있다. 열여섯의 나이에 학교를 중퇴한 앤디는 영국의 작은 마을에 있는 여행사에서 일하라는 제안을 받았다. 정부가 후원하는 청소년 직업 훈련의 일환이었다. 하지만 날라리 같은 헤어스타일을 버리고 요란한 귀걸이도 전부 빼야 하는 그 일이 앤디는 마음에 들지 않았다. 결국 두어 달 만에 여행사를 그만두고 공사장에 취직했다. 그때부터 대화의 힘이 앤디의 인생에 영향을 미치기 시작했다.

"거기서 만난 동료들에게서 여행에 대한 이야기를 잔뜩 들었어요. 그거야말로 참교육이었죠. 그 사람들은 여기저기 떠도는 히피였다가 목수나 미장공, 지붕 설치공, 벽돌공 같은 기술자가 된 거였어요. 아침에 일어나 출근해서 그 사람들하고 대화를 나눌 수 있다는 사실이 너무나도 즐거웠죠. 저하고는 사회 배경이 완전히 다른 사람들이었기 때문에 더 즐거웠던 것 같아요. 일하면서 사는 평범한 사람들이었어요. 저처럼 제멋대로 굴거나 철없는 문제아도 아니었고. 자동차로 인도까지 여행하고 말라리아에 걸려 죽음의 문턱까지 가고, 모로코에도 가고 베르베르족 사람들과 생활한 이야기를 들었는데 정말 흥미진진했어요. 전 외국에 나가본 경험이라곤 스페인으로 2주일간 캠프를 다녀온 게 전부였거든요.

그 대화는 제 인생에 엄청난 영향을 미쳤어요. 돈을 모아서 여행을 떠나야겠다고 결심했거든요. 실제로 6년 동안 그렇게 살았어요. 그리스에서 2년 동안 농장에서 일하고 무덤을 파고 트럭에 실린 냉동어류를 옮기고 관개수로관을 설치하는 일도 했죠. 이스라엘에 가서도 그랬어요. 무덤을 파고 가구를 철거하고 타일도 배달했죠. 나중에는 뉴질랜드에 건너가서 농장에서 일했어요. 지금까지 거쳐온 직업만 해도 20가지, 아니 30가지는 족히 될 겁니다."

마침내 영국으로 돌아온 앤디는 유기농 농부가 되었다. 직접 농사지은 농작물을 일주일에 한 번씩 고객에게 배달해주는 조그만 자영업을 시작했다. 공사 현상에서 나눈 대화로 상상력의 범위가 넓어지고 세계관이 바뀌지 않았다면 지금의 그가 없었을 것이라는 사실을 앤디도 잘 알고 있다.

지금까지 우리는 직업을 탐색해보는 세 가지 방법에 대해 살펴봤다. 당신은 근본적 안식기, 가지치기 프로젝트, 대화 리서치 중에 무엇에 가장 관심이 가는가? 당신에게 맞는 방법은 무엇일까? 이제 책을 내려놓고 행동을 취할 때가 오고 있다. 지금 당신에게 해주고 싶은 조언은 다음과 같다.

당신이 생각해두었던 잠재적 자아 세 가지를 떠올려보자. 그것을 시험해볼 수 있는 방법을 생각해본다. '먼저 행동하고 나중에 고민'하는 방법이다.

지금부터 30분 동안 생각해보고 시작하라. 관심 있는 단체에 전화를 걸어 자원봉사자를 구하는지 문의하는 것은 어떤가? 사업 아이디어가 있다면 인터넷 도메인을 등록하는 것도 좋다. 들을 만한 강의가 있는지 알아보고, 여러 분야에 도전해서 성취한 친구에게 연락해 조언을 듣는 것도 훌륭하다.

비록 작은 발걸음이지만 행동으로 변화를 추구한다는 생각에 활력이 솟을 것이다. 그리고 그 시도만으로도 새로운 미래를 여는 촉매제가 될 수 있다.

시간이 없다고? 너무 피곤하다고? 아무도 대화에 응해주지 않을까 봐 걱정된다고? 괴테의 말을 기억하라. 괴테는 먼저 행동하고 나중에 고민하는 지혜를 잘 알고 있었다.

…하지만 주저하면 미루게 되고
지난날을 애통해하면서 시간을 흘려보내게 된다.
당신이 진심이라면 바로 이 순간을 잡아라.
당신이 무엇을 하고 무엇을 꿈꾸든 지금 시작하라.
대담함은 그 속에 천재성과 힘, 마법을 지니고 있다.

나는 몰입한다, 고로 존재한다

성취감을 느끼게 해주는 직업을 찾는 과제는 행동에서 시작해서 고민으로 끝난다. 여러 잠재적 자아를 실험해본 후 최선의 선택지를 판단해야 하기 때문이다. 여러 분야에 널리 도전하고 싶은 사람이라면 몇 가지를 선택해야 한다. 어떤 직업이 자신에게 가장 잘 맞는지 지금 이 순간 어떻게 알 수 있는가? 가지치기 프로젝트 등의 실험을 통해 잠깐이나마 경험해본 직업 세계에 대해 스스로에게 기본적인 질문을 던져봐야 한다.

'당신이 경험해본 직업은 애초의 기대와 어떻게 달랐는가?'

'당신이 사람들과 가장 적극적으로 대화를 나눈 직업은 무엇인가?'

'당신이 원하는 가장 큰 의미를 줄 수 있는 직업은 무엇인가?'

의미는 성취감을 느끼게 해주는 직업의 핵심요소이므로 특히 마지막 질문은 반드시 숙고해보기 바란다. 그러나 인간이 성취감을 느끼려면 의미만으로는 충분하지 않다. 아무리 꿈에 그리던 조각가가 되어 자신의 재능을 마음껏 발휘할 수 있게 되어도 홀로 작업하면서 극심한 외로움에 시달릴 수 있다. 사람들은 매일 즐거운 마음으로 할 수 있는 일을 원한다. 따라서 지금까지 시도해본 새로운 직업에 대해 '의미' 외에 다음의 질문도 떠올려봐야 한다.

'가장 몰입이 잘된 일은 무엇인가?'

'몰입'은 우리에게 '의미'가 미처 채워주지 못한 일상의 즐거움을 줄 수 있다. 그렇다면 몰입은 과연 직업 선택에 어떤 도움이 될까?

몰입flow 개념은 1970년대, 헝가리 출신의 미국 심리학자 미하이 칙센트미하이가 처음 소개했다. 앞에서 한 번 언급한 나의 성姓 크르즈나릭보다 훨씬 발음하기 어려운 성이다. 오늘날 몰입이라는 개념은 '삶의 만족' 또는 '행복'을 나타내는 가장 기본적인 지표로 널리 활용된다.

몰입의 경험은 무슨 일이든 간에 자신도 모르게 그 일에 완전히 빠져드는 것이다. 암벽 등반을 하든지, 피아노를 연주하든지, 필라테스를 하든지, 회의에서 프레젠테이션을 하든지, 외과 수술을 집도하든지 간에 말이다. 칙센트미하이의 말대로 '다른 것은 전혀 염두에 없을 정도로 그 일에 열중한 상태'다. 운동선수가 경기에 완전히 집중한 상태와 똑같다.

칙센트미하이에 따르면 우리는 그 자체에 목적이 있거나 내재적 동기를 제공하는 일에 즐겁게 몰입한다. 생계수단으로서가 아니라 그 자체만으로 가치 있는 일인 까닭이다. 일반적으로 몰입을 경험할 때는, 마치 불교의 명상을 수행하는 것처럼 현재에 완전히 집중하며 과거와 미래는 희미하게 멀어진다. 칙센트미하이는 외과의들을 대상으로 한 유명한 연구에서 수술을 집도할 때 외과의의 80%가 시간 감각을 잃거나 평소보다 시간이 훨씬 빨리 흘러가는 느낌을 받는다는 사실을 발견했다. 일에 완전히 집중했다는 증거다.[62]

이렇게 말하고 보면 몰입이란 왠지 고상한 전문직의 전유물인 것 같은 느낌이 들지도 모르겠다. 그러나 칙센트미하이에 따르면 몰입의 흥미로운 특징 중 하나는 외과의 같은 '고급' 직종뿐 아니라 푸주한이나 용접공, 농장 노동자 같은 직업군에서도 똑같이 경험할 수 있다는 것이다. 예컨대 톨스토이의 《안나 카레니나》에서 농부들과 함께 땅을 일구는 귀족 레빈의 모습에서도 몰입을 찾아볼 수 있다.

> 낫은 쉬지 않고 움직였다. 레빈은 긴 줄로 늘어선 풀도 베고 짧은 줄도 베었다. 힘차게 자란 풀도 베고 시들한 풀도 베었다. 그는 시간 감각을 잃어 지금이 늦은 시간인지 이른 시간인지 알 수 없었다. 풀을 베면 벨수록 망각의 순간을 더욱 더 자주 느끼게 되었다. 그럴 때는 손이 낫을 휘두르는 것이 아니라 낫 자체가 저절로 움직이는 것처럼 느껴졌다. (…) 이럴 때가 가장 행복한 순간이었다.

19세기 러시아 농촌의 삶을 지나치게 낭만적으로 묘사한 것처럼 보일 수도 있지만, 누구나 그런 상태를 경험해본 적이 있을 것이다.

일반적으로 우리가 몰입할 수 있는 행동은 어떤 유형인가? 대개는 자신이 가진 기술을 활용해서 결코 만만치 않지만 실패가 두려울 만큼 어렵지는 않은 일을 할 때다. 외과의들이 몰입의 순간을 자주 경험하는 이유도 그 때문이다. 집중이 필요한 까다로운 수술이지만 필요한 훈련을 충분히 받았으므로 성공을 확신할 수 있다. 또한 몰입은 창조성을 발휘하거나 새로운 기술을 배우거나 행동의 파급 효과를 곧바로 확인할 수 있거나 분명히 정해진 목표가 있을 때 더욱 강화된다.[63] 나는 이런 내용의 글을 쓸 때는 몰입하지만 하루 일과를 마무리하면서 행정업무에 관련된 이메일에 답해야 할 때는 그렇지 않다. 이메일을 쓸 때는 창조성을 발휘할 필요도, 가슴이 두근거리는 목표도 없으니까.

몰입 이론은 우리에게 암묵적으로 말한다. 몰입을 경험할 수 있는 직업을 꿈꾸라고. 하지만 이 주장은 논쟁을 불러일으킬 수 있다. 칙센트미하이와 그의 신봉자들은 어떤 직업이든 '몰입이 일어나기 좋은 조건으로' 바꿀 수 있다고 주장한다.[64] 슈퍼마켓 계산원처럼 평범한 직업이라도 몰입을 경험할 수 있다고 칙센트미하이는 말한다. 따라서 아무리 불행해도 꼭 직업을 바꿀 필요가 없을지도 모른다. 더욱 도전적인 과제를 수행한다거나 업무의 창조성을 강조한다면 가능하다.

그러나 문제는 대다수의 직업이 어느 날 갑자기 몰입할 수 있는 일로 바뀌지는 않는다는 것이다. 당신이 패션 사진작가라면 아무도 찾지 않았던 장소에서 사진을 찍는다거나 새로운 조명 기법을 도입해 볼 수 있다. 하지만 일에 싫증을 느끼기 시작한 IT 프로젝트 매니저라면? 몰입을 가능케 하는 도전과 창조성, 목적의식을 고양하기 위해 일상 업무를 새롭게 조정하기가 쉽지는 않을 것이다. 특히 관료주의 조직에 속하거나 단순한 반복 업무를 수행하는 직장인들은 업무에 변화를 줄 여지가 적다.

그렇기에 기존의 직업에서 몰입을 '창조'하는 것보다는 몰입을 경험할 수 있는 일을 새로 '찾는' 편이 훨씬 분별 있는 방법일지 모른다. 하지만 그런 직업 목록은 어떻게 손에 넣을 수 있을까? 자신이 가진 기술과 창조성, 두려움, 약점에 따라 특정 직업에 대한 생각도 달라지므로 그런 목록을 제안한다는 것 자체가 무분별하다. 가지치기 실험을 꼭 해봐야 하는 이유가 바로 그 때문이다. 내가 몰입할 수 있는 직업인지 알아보는 가장 좋은 방법은 실제로 그 일을 해보는 것이다. 그런 다음 여러 선택지 중에서 가장 몰입도가 높은 직업을 선택하면 된다.

몰입을 경험하게 해주는 일은 무엇인가?

작업 중인 잭슨 폴락, © Time & Life Pictures

직업을 선택할 때 몰입의 개념을 두 가지 면에서 활용할 수 있다. 첫 번째는 대화를 통해서다. 흥미로운 직업을 가진 사람들과 대화할 때 "박제사는 직업으로 하기에 어떤가요?" 같은 애매모호한 질문 말고 일에 몰입하는 느낌을 얼마나 자주 느끼는지, 정확히 무엇을 할 때 몰입하게 되는지 물어보라.

두 번째는 '몰입 다이어리'로 일상생활에서 몰입의 경험을 찾는 것이다. 한 달 동안 몰입을 경험했던 활동을 다이어리에 메모한다. 직장에서 까다로운 보고서를 쓸 때라든가 일요일에 10명이 넘는 사람들을 초대해 점심식사를 준비하는 것 등 무엇이든 좋다. 몰입 다이어리의 내용이 성취감 있는 직업을 찾는 데 도움을 줄 수 있다.

자신 있게 "나는 몰입한다, 고로 존재한다."라고 외칠 수 있는 직업을 찾는다면 엄청난 행운이다. 그러나 '천직'의 요건은 몰입만이 아니다. 필요하기는 하지만 그것만으로는 부족하다. 몰입에 빠져들게 해주는 도전적이고 창조적인 일을 시도해도, 자신의 가치관이 실현되지 않거나 의미를 얻지 못한다면 보람을 느끼기 어렵다. 나는 학술기사를 쓰거나 강의를 할 때 몰입을 경험했지만 대학교수가 되고 싶은 마음은 들지 않았다. 말하자면 우리에게는 몰입과 의미가 둘 다

필요하다.

나아가 성취감은 대단히 심오한 형태이기에 그 두 가지만으로도 충분하지 않다. 그 일이 우리 삶에 '자유'라는 커다란 선물을 줄 수 있는지도 살펴봐야 한다.

***슈타이너 학교** 독일의 철학자 루돌프 슈타이너가 설립한 학교. 주입식 교육이 아닌 영혼과 정신, 육체를 조화롭게 성장시키기 위해 육체 활동과 예술 교육을 강조한다.

How to Find Fulfilling Work
Roman Krznaric

**THE
SCHOOL
OF LIFE**

당신의 일은 속박인가, 자유인가?
The Longing for Freedom

Chap 5

일하면서
자유를 느끼는 법

경제학자 E. F. 슈마허E. F. Schmacher는 저서 《굿 워크》에서 서구사회에 널리 퍼진 '자유에의 갈망'을 시적으로 묘사한다.

나는 끝없는 경쟁에 내 삶을 바치고 싶지 않다.
나는 기계와 관료제의 노예가 되어 권태롭고 추악하게 살고 싶지 않다.
나는 바보나 로봇, 통근자로 살고 싶지 않다.
나는 누군가의 일부분으로 살고 싶지 않다.

나는 내 일을 하고 싶다.

나는 좀 더 소박하게 살고 싶다.

나는 가면이 아닌 진짜 인간을 상대하고 싶다.

내겐 사람, 자연, 아름답고 전일적인 세상이 중요하다.

나는 누군가를 돌볼 수 있는 사람이 되고 싶다.[65]

이 글은 1970년대에 씌어졌지만 직업에서 성취감을 느끼지 못하는 현대인들의 공감을 불러일으키기에 충분하다. 사람들이 직업에 만족하지 못하는 대표적인 원인인 만성 과로는 하루도 멈출 날이 없고, 하루 종일 스트레스와 복잡하고 긴 출퇴근 전쟁 때문에 녹초가 된 채 집으로 돌아온다. 집에 와서 하는 일이라곤 소파에 파묻혀 TV를 보는 게 고작이다. 취미생활? 친구와의 약속? 가족 간의 대화? 피곤이 이 모든 것을 잠식한다.[66]

직장인의 불만은 한두 가지가 아니다. 흔히 생각하듯이 '일이 싫어서'는 오히려 부차적인 문제일 때가 많다. 월급쟁이라고 무조건 일을 귀찮아하는 것도 아니다. 일은 사랑하지만 다른 것이 싫다는 사람들도 많다. 언제나 열변을 토하며 일방적으로 명령하는 상사가 싫을 수도 있다. 주말에도 업무 메일이나 문자메시지가 날아들어 마음대로 쉬지 못하는 게 불만스러울지도 모른다. '치열한 경쟁'에 휘말리고 '돈의 노예'로 전락해 일과 생활의 균형이 무너졌다고 투덜거릴 수도 있다.

이들이 바라는 것. 그것은 자유시간이 더 많아지고 자율성이 허락돼 인간관계를 돌보고 본연의 자신을 찾는 것이다.

모든 직장인이 구속당하는 기분으로 사는 것은 아니라고? 물론 그렇다. 고된 업무에 시달리면서도 자신이 사랑하는 일에 열정적으로 헌신하는 사람들도 있다. 하지만 그런 이들을 얼마나 많이 만나보았는가?

애석하게도 경쟁에 치이는 현대인에게는 사랑해서 시작한 일을 계속 사랑하도록 해주는 여유가 없다. 일의 과중한 부담에 질식된 나머지 좋아했던 일을 증오하면서 떠나는 이들도 적지 않다. 당신도 지금, 일의 부담을 덜고 원하는 인생을 살 수 있는 자유와 자율성을 원하고 있지는 않은가?

그러나 막연히 '자유롭고 싶어~'라는 바람만으로는 아무것도 해결되지 않는다. 당신은 자유에 대한 갈망을 어떻게 충족시킬 수 있는가? 자유를 얻기 위해서는 자신이 얼마나 준비돼 있는지 체크해봐야 한다. 자유에는, 당신도 알겠지만 대가가 필요하기 때문이다. 우리가 풀어가야 할 딜레마는 다음 세 가지다.

첫째, 안정적인 월급쟁이 직업을 선택해야 하는가, 스스로 일을 만드는 자영업을 할 것인가?

둘째, '직업적 성취'나 근면한 노동윤리를 내팽개치고 적당히 게으르게 살며 '삶의 성취감'을 추구할 것인가?

셋째, 일에서 성공하고 싶은 야망과 행복한 가정을 꾸리고 싶은 바람을 어떻게 조화시킬 것인가? 둘 다 손에 넣겠다고 욕심을 부리면 머릿속만 복잡해질 뿐 아니라 여가시간이 사라져 심리적으로 엄청난 압박감과 스트레스에 시달려야 한다.

앞으로 이 세 가지 문제를 살펴보면서 우리는 아나키스트와 월스트리트 애널리스트, 그리고 양봉업자를 만나게 될 것이다. 그들의 이야기를 통해 맞춤 직업의 효용과 게으름의 미덕을 배우고, 일과 가정이라는 두 마리 토끼를 잡자는 이데올로기의 허위에 맞서는 한편, 의미와 몰입과 함께 자유가 일에서 가장 큰 성취감을 줄 수 있는 요소임을 알게 될 것이다.

무정부주의자,
스스로 직업을 만들다

"순간의 안전을 얻기 위해 자유를 포기하는 자는 자유도 안전도 누릴 자격이 없다."

벤저민 프랭클린의 말이다. 당신도 동의하는가?

직업 진로를 결정할 때 우리는 '안전'과 '자유'의 두 가지 욕망을 조화시킬 수 있는 방법을 찾아야 한다. 경제가 불안정한 때일수록 사람들은 안전한 직업을 선호한다. 제때 돈을 벌어야 주택자금이나 학자금 대출금을 갚고 자녀를 뒷바라지하고 노후대책도 세울 수 있기 때문이다.

안전지향성은 단지 경제적 불안 때문만은 아니다. 좀 더 본질적으로 들어가보면, 인간은 탯줄이 잘리는 순간부터 혼자라는 외로움 속으로 던져지고 정서적, 물질적 안전을 찾으려고 한다.[67] 우리는 어떨 때 안전하다고 생각할까? 행복한 결혼생활을 영위하거나 공동체의 일원임을 느낄 때다. 직장 또한 안전을 느끼게 하는 중요한 공간이다. 매달 꼬박꼬박 월급이 나오고 동료들과 친구처럼 지낼 수 있고 일을 통해 가치를 인정받을 수 있다면 그보다 든든한 곳이 또 어디

있겠는가. 내 아버지가 IBM에서 반세기 동안이나 근무하신 이유도 전쟁으로 불안한 어린 시절을 보낸 탓에 안전에 대한 욕구가 대단히 컸기 때문이었다.

이처럼 안전은 인간의 기본적인 욕구에 속하지만, 그에 못지않게 개인의 자유를 찾으려는 열망 또한 강력하다. 고대 로마에서 반란을 일으킨 노예들에서부터 남아프리카공화국의 인종차별 철폐운동에 이르기까지, 역사적으로 억압에서 벗어나 자유를 누리려는 욕망은 사회적, 정치적 투쟁의 불씨로 작용했다.

일에 대한 우리의 태도에도 그 역사가 고스란히 반복된다. 몇십 년 전부터 산업심리학자들은 직업 만족도가 '자율성의 범위', 즉 노동자가 매일 자유로이 결정할 수 있는 권한과 직접적인 연관이 있음을 발견했다.[68] 나 역시 인생학교에서 대기업을 그만두고 조그만 카페를 차리거나 프리랜서로 일하고 싶다는 사람들을 늘 만나곤 한다.

20세기의 대표적인 아나키즘 연구가 콜린 워드 Colin Ward에 따르면 자유에 대한 갈망은 지극히 당연한 것이다. 그는 저서 《아나키즘, 대안의 상상력》에서 사람들이 공장이나 사무실에서 하루 종일 힘들게 일하고는 어째서 집에만 돌아오면 기쁘게 삽을 들고 정원을 가꾸는지 질문을 던진다.

그가 집에 돌아와 즐거운 마음으로 정원에서 땅을 일구는 이유는 그곳에서는 공장 주임이나 매니저, 상사로부터 자유롭기 때문이다. 매일 똑같은 업무를 수행하는 단조로움과 속박에서 자유로우며 처음부터 끝까지 자신의 일을 스스로 통제할 수 있다. 언제 어떻게 일할지 결정할 자유가 있다. 타인이 아니라 자기 자신을 책임진다. 해야 하기 때문이 아니라 하고 싶기 때문에 일한다. 자신의 일을 하는 것이다. 그는 자신을 위해 일하는 사람이다.

많은 사람들이 '자신의 보스'가 되고 싶어 한다. 세상에는 자기만의 작은 땅이나 가게, 사업을 남몰래 꿈꾸는 사람이 얼마나 많은가. 성공 가능성이 낮고 밤낮으로 열심히 일해야 하는데도 말이다. 큰돈을 벌 수 있다고 생각할 만큼 낙관적이지도 않은데도 그들은 꿈을 접지 않는다. 그 이유는, 그들이 가장 원하는 것이 자율성과 자신의 운명을 스스로 통제하는 것이기 때문이다.[69]

위 단락에서 워드는 성취감을 주는 일이 어떤 것인지 생생하게 그려준다. 당신 또한 당신의 행복은 안중에도 없고 분기별 수익에만 신경 쓰는 상사 밑에서 하루 8시간씩 일하는 것보다는 선택의 자유와 자율성이 보장된 일을 원하지 않겠는가?

워드의 설명은 매우 현실적이다. 자영업이 주는 자유에는 확고한 책임감이 따라야 한다는 사실을 잊지 않는다. 워드가 추구하는 아나키즘 전통은 요즘 미디어에서 흔히 볼 수 있는 것처럼 검은 마스크를 쓴 젊은이들이 경찰에 화염병을 던지는 모습이 아니다. 그의 아나키즘 사상은 18세기 철학자 윌리엄 고드윈William Godwin 시절로 거슬러 올라간다. 그는 아나키즘이 개인의 자유와 사회적 협력을 위해 기업과 권위주의적인 정부기관의 영역 밖으로 공간을 확장하는 것이라고 주장한 바 있다. 마찬가지로 워드에게 영웅은 반체제 인사가 아니라 자신의 카페를 창업하거나 동료들과 공동으로 건강식품 회사를 운영하는 사람들이다. 자율성을 꿈꾸는 사람의 내면에는 아나키스트가 잠재해 있다.

그러나 이런 자유를 얻기 위해 반드시 실패 위험을 무릅쓰고 자기 사업을 해야 할까? 스스로 업무와 목표를 조정할 수 있고 탄력근무제를 활용할 수 있다면 대기업에서 일하면서도 충분히 자유로울 수 있다. 최근에는 많은 기업들이 직원들에게 자율성을 부여하려고 노력하고, 그것을 회사의 복지정책으로 적극 홍보한다. 대학은 분명 거대한 관료제 조직이지만, 나는 내가 언제 강의하고 어떻게 일할지 스스로 결정할 수 있었다. 아침 2시간은 내 방 침대에 엎드린 채 일했고, 오전 11시가 되어야 연구실로 출근했다. 그러나 내가 연구 보고서를 제출하고 강의를 계속하는 한 아무도 나의 근태를 문제 삼지 않았다.

물론 대학의 특성상 다른 기업조직보다 더 통제가 느슨하고 자율적이었을 것이라 생각한다. 기업 내에 자율성이 점점 강화되는 추세이긴 하지만 아직 갈 길이 멀다는 것도 안다. 만약 당신이 순도 100%의 순수한 자율성을 원한다면 직장인보다는 자영업자가 되는 편이 나을 것이다. 유럽과 북미 지역에는 자영업자가 전체 노동인구의 20%에 이른다. 영국의 노동재단 The Work Foundation에 따르면 "자영업은 당신을 행복하게 해준다. 직업에 '매우 만족'하는 직장인은 17%에 불과하지만, 자영업자는 47%에 이른다."[70]

영국에 사는 피오나 로빈Fiona Robyn은 그 통계 뒤에 훨씬 복잡하고 고달픈 현실이 가려져 있다고 지적한다. 대기업의 고객 서비스 부문에서 일했던 피오나는 자영업이 주는 자유를 만끽하고자 카운슬러로 진로를 바꾸었다. 하지만 남편과 같이 살기 위해 이사한 후 고객이 줄어들자, 피오나는 자신이 가장 좋아하는 글쓰기를 생계수단으로 삼기로 했다. 그녀는 자신의 종교인 불교에서 영감을 얻어 '집으로 돌아가는 글쓰기Writing Our Way Home'라는 작은 사업을 시작했다. 글쓰기를 통해 세상에 더욱 적극적으로 참여하고 싶어 하는 이들에게 1개월짜리 온라인 코스를 제공하는 사업이었다. 그렇다면 과연 피오나는 자영업을 추천할까?

"자영업은 멋지지만 동시에 끔찍해요. 휴가는커녕 아파도 쉬지 못하고, 안정성도 보장되지 않으니까요. 자기계발도 자기 돈 들여서 하지 않는 한 기회가 없죠. 잘한다고 칭찬해주는 사람이 있기를 하나, 열심히 일해도 알아주는 사람이 있나. 조금이라도 부주의했다가는 새벽이나 한밤중, 심지어 주말까지 일해야 하죠. 문제가 터져도 탓할 사람도 없고 의논할 사람도 없고.

하지만 후회하지는 않아요. 스스로 일정을 관리할 수 있고 원하는 사람들과 돈독한 인간관계를 맺을 수 있어서 좋아요. 혼자 힘으로 조금씩 나아가고 있다는 사실도 확인할 수 있고요. 수강생들이 긍정적인 힘을 얻었다고 고마워할 때는 작게나마 변화를 만들었다는 사실에 뿌듯해져요.

안정적이지 않다고요? 물론 그렇죠. 하지만 처음부터 각오한 일인걸요. 대기업에서 일할 때처럼 안정감이 없어졌다고 속상해하지 말고 그런 안정감 따위는 애초부터 존재하지 않는다고 생각하면 돼요. 사실 직장인들도 하루아침에 해고되거나 병에 걸릴 수 있잖아요. 인생은 아무리 짧은 순간에도 우리 마음대로 흘러가리라는 보장이 없으니까요."

혹자는 피오나의 이야기를 듣고 자영업이 정신 나간 선택이라는 생각이 들지도 모른다. 불안과 스트레스에 시달리면서 주말도 없이 일하고 싶은 사람이 어디 있을까? 그러나 가만히 생각해보면, 직업을 가진 사람이라면 그 누구도 절대적인 안정을 보장받을 수 없다는 피오나의 말이 맞는지도 모른다. 최근의 금융 위기를 겪으면서, 시장이 요구하면 누구든 소모품처럼 폐기될 수밖에 없다는 것을 우리는 모두 절감했다. 하지만 요즘처럼 경제가 어렵거나 새 직업으로 성공할 수 있을지 몰라 불안하다면, 월급쟁이 직장을 포기하는 것은 너무 위험할 수도 있다.

그러나 피오나의 말을 듣고 있으면 인간이 삶을 영위하는 데 '자유'가 얼마나 의미심장한 가치를 지니는지 알 수 있다. 내가 지금까지 만나본, 자영업으로 진로를 바꾼 사람들은 대부분 피오나와 똑같은 결론에 도달했다. 막중한 책임이 따르고 불안하고 좌절도 느끼지만, 결코 예전의 월급쟁이 생활로 돌아가지는 않을 것이라고 말이다. 이미 자유를 맛본 그들이기에 되돌아가는 것은 절대로 불가능하다. 이 놀라운 사실은 우리 모두에게 큰 교훈이 될 것이다.

아울러 피오나는 자신의 직업을 스스로 창출하는, 가장 근본적인 형태의 자기고용 방식을 보여준다. 자신에게 딱 맞는 맞춤 직업을 갖고 싶어 하는 열망은 앞에서 지적한 대로 인간다운 삶과 개성을 표현하고자 하는 르네상스의 이상에서 유래한다. 그리고 최근에 이르러 경영사상가 찰스 핸디에 의해 더욱 장려되었다.

> 우리에게는 인간이 경험한 이래 최초로 인생을 일에 맞추는 대신, 인생에 맞춘 일을 창출할 기회가 생겼다. (…) 이 기회를 놓친다면 미치고 말 것이다.[71]

맞춤 직업은 말 그대로 자신의 관심사와 재능, 우선순위에 따라 직접 설계한 직업이다. 자신의 종교와 재능을 살려 글쓰기 강좌를 운영하는 피오나처럼 말이다. 이런 직업은 대개 자영업의 형태를 띠며, 본인 스스로 일하는 시간과 방식을 결정할 수 있다.

직장생활에 익숙한 사람들은 잘 모를지 몰라도, 오늘날 스스로 직업을 만드는 현상은 빠른 속도로 보편화되고 있다. 이제는 휘파람 불기 전문가나 출장 피자 요리사 같은 일로 먹고사는 사람들이 생겨났다. 당연한 말이지만 이런 맞춤 직업은 직업 박람회에서는 결코 찾아볼 수 없다.

인터넷은 맞춤 직업의 가능성에 혁명적 변화를 일으켰다. 특히 창업 자원이 부족한 사람들에게는 더욱 그러하다. 내가 아는 어느 여성은 멕시코의 시골 마을에 살면서 이탈리아와 일본에 사는 학생들에게 영어를 가르친다. 인터넷전화 스카이프 Skype 덕분에 적은 비용으로 외국 학생들과 일대일 대화가 가능해졌다. 내가 1990년대 중반에 스페인에서 엔지니어들에게 영어를 가르쳤던 일을 떠올려보면 실로 놀라운 기술의 진보라 아니할 수 없다. 그때 나는 매일 새벽 5시에 일어나 버스를 타고 마드리드 북쪽에 위치한 외딴 산업지대까지 가야 했다. 그런데 안방에 앉아 수백 킬로미터 떨어진 곳에서 수강생을 모집할 수 있게 된 것이다.

이제는 집에서 만든 제품을 이베이 eBay에 내놓는 간단한 행동으로 사업을 시작할 수 있는 세상이다. 소정의 수수료만 내면 여타의 창업자금이랄 것도 필요 없다. 반드시 그럴듯한 제품이 아니어도 된다. 틈새상품으로도 얼마든지 세계 시장에 접근할 수 있다. 예컨대 석궁에 관한 온라인 잡지를 만들면 베이징에서 부에노스아이레스까지 세계 곳곳에 열성팬이 생긴다. 현재 이베이에서 물건을 팔아 주수입을 올리는 사람들은 50만 명이나 된다.

대기업과 조직에서 일어나는 다운사이징 현상은 이제 일상이 되었다. 그에 따라 프리랜서들에게 돌아가는 기회는 더 많아졌다. 집에서 여러 국가의 회사와 계약을 맺어 일하면서 한낮에 거품 목욕을 해도 아무도 뭐라 하지 않는다.

이야기가 다소 거창해졌지만, 흐름은 분명하다. 언제든지 당신이 원하는 형태의 일을 할 수 있는 여건은 이미 조성돼 있다.

그렇다면 한번 생각해보자. 당신 스스로 직업을 설계한다면 어떤 직업일까? 그것을 현실로 옮기는 데 도움이 될 만한 가지치기 프로젝트를 구상해보는 것은 어떨까?

경제사정이 좋지 않거나 가계를 책임지는 입장이라면 맞춤 직업이 한가하고 위험한 도박처럼 느껴질 수도 있다. 그러나 최고의 성취감을 주는 직업을 원한다면 모든 방법을 동원해서 자신에게 가장 잘 맞는 일을 찾아야 한다. 안전과 자유 중에 선택해야 한다면 나는 자유를 선택하라고 하고 싶다.

이는 크리스토퍼 맥캔들리스Christopher McCandless의 신조이기도 하다.

방랑자이자 탐험가인 그는 책과 영화로 나온《인투 더 와일드》의 실제 주인공으로, 1992년 알래스카의 야생에서 세상을 떠났다. 우수한 성적으로 대학을 졸업한 그는 "인간의 본질은 새로운 경험에 있다."고 말하며, 자유로운 삶을 위해 모든 것을 버리고 자연 속으로 들어갔다.

> 여전히 대다수의 사람들이 행복하지 않은 삶을 살면서도 안전과 순응, 보신주의에 길들어서 상황을 바꿔보려고 하지 않는다. 그러나 안정된 미래는 마음의 평화를 가져다주는 것처럼 보이지만 사실은 인간의 내면에 존재하는 모험정신에 가장 해로운 것이다. 인간이 발전할 수 있는 가능성을 막아버리기 때문이다.[72]

노동윤리는 잊고 적당히 게으르게

앞에서 우리는 직업 안에서 자유와 자율성을 느끼는 길에 대해 생각해보았다. 그런데 자유가 반드시 '직업을 통해' 추구해야 하는 것일까? 오히려 '직업으로부터' 자유로워지는 것이 진짜 우리가 원하는 것은 아닐까? 지긋지긋한 지금의 일에서 벗어나는 것이 당신이 진짜 원하는 것인가?

그렇다면 당신에게는 다른 처방이 필요할 듯하다. 노동윤리를 버리고 게으름의 철학을 발전시키는 것이다.

이와 관련해 IT 애널리스트 제임스 램James Lam은 이렇게 단정했다. "모든 노동은 자발적인 노예화 형태를 띤다."

지난 10년 동안 다양한 IT 관련 직업을 거친 그는 현재 소프트웨어 회사에서 일하고 있다. 월급은 많지만 근무시간이 길고 그만큼 스트레스도 넘친다. 언젠가는 회사에 긴급한 문제가 발생해 새벽 2시에 전화를 받은 적도 있다.

"잭 케루악Jack Kerouac 아세요? 《길 위에서》 작가요. 열다섯 살 때는 저도 그처럼 도보여행을 하면서 보헤미안 같은 삶을 사는 게 꿈이었어요."

자유를 향한 꿈은 오랫동안 그의 마음 한편에 자리했다. 실현되지는 못한 채.

이런 사람이 비단 제임스뿐일까. 누구나 마음속에 정말 하고 싶은 일을 담아둔 채 억지로 일어나서 일터로 향한다. 왜 많은 사람들이 좋아하지도 않는 일을 힘들게 하면서 사는 것일까?

첫째, 먹고살기 위해 당연히 치러야 하는 대가라고 생각하기 때문일 것이다. 이것은 현대 노동에 나타나는 파우스트적 거래다.

둘째, 사회학자들은 17세기 유럽에서 등장한 이데올로기, 즉 열심히 일하면 신에게 가까워질 수 있다는 개신교의 노동윤리가 전해져 내려오기 때문이라고 말한다. 그래서 우리는 열심히 일하지 않으면 죄책감을 느낀다.

셋째, 오늘날 소리 소문 없이 유행하는 '일중독' 때문일 수도 있다. 영국인 중 100만 명 이상이 초과 근무를 자청하는 워커홀릭이다. 일본에서는 남성 사망자 중 과로사karoshi의 비율이 10%나 된다.[73] 생각해보면 이상한 일이다. 일을 하면서 행복해하는 것도 아니면서 사서 고생을 하다니? 일에 중독되는 사람들은 처음에는 일을 완벽하게 마쳤다는 만족감이나 '이렇게 열심히 하는데 날 자르진 않겠지' 하는 안심 등 긍정적인 점에 이끌렸을지 모른다. 하지만 그런 일이 몇 번 반복되다 보면 나중에는 스스로도 어찌할 수 없을 정도로 일에 집착하게 된다.

혹시 당신도 일중독이 의심되는가? 심리치료사 브라이언 로빈슨Bryan Robinson은 다음 질문에 대해 생각해보라고 조언한다.

'점심을 먹으면서 메모를 한다든지 한꺼번에 두세 가지 일을 하는가?'

'사랑하는 사람들과의 관계보다 일에 더 많은 시간과 노력을 쏟는가?'

'그렇다'고 답한다면 일에 중독되어가고 있다는 뜻이다. 특히 정규 근무시간 후에도 계속 '자발적으로' 더 많이 일하고 있다면 말이다.[74] 물론 하루에 12시간씩 일한다고 모두 워커홀릭은 아니다. 삶에 활력을 주고 몰입하게 해주는 일을 한다는 뜻일 수도 있으니.

그러나 스스로가 '과로하고 있다'는 느낌이 든다면 당연히 일을 줄여야 한다. 누가 그걸 모르냐고? 나도 썩 도움 되는 조언은 아니라고 생각한다. 하지만 그렇다고 하나마나 한 말은 아니다. 우리 스스로 성실하게 일해야 한다는 노동윤리에 지나치게 결박돼 있는 것은 아닌지 한 번쯤 의심해봐야 한다. 많은 일을 한다고 반드시 성취감을 느끼는 것은 아니지 않은가? 우리에게 궁극적으로 중요한 것은 '직업적 성취감'이 아니라 '삶의 성취감' 아니겠는가?

이렇게 생각하게 됐다면 중요도의 우선순위를 바꾸는 것도 고려해볼 수 있다. '직업적 성취'를 찾는 게 아니라 '삶의 성취감'을 만끽하게 해주는 일을 찾는 것이다.

이와 관련해 철학자 버트런드 러셀Bertrand Russell은 일찍이 일을 줄여야 한다는 급진적인 주장을 펼친 바 있다. 그는 1932년에 발표한 저서《게으름에 대한 찬양》에서 "세상에는 지나치게 많은 노동이 행해지고 있으며 노동이 미덕이라는 믿음이 사회에 엄청난 폐해를 끼치고 있다."는 주장으로 학계를 놀라게 했다. 경제학자 존 케인즈John Maynard Keynes를 비롯해 당대의 진보적인 사상가들과 마찬가지로 러셀은 경제성장과 기술진보로 선진국 국민들은 대부분 하루 4시간만 일해도 웬만한 수준의 생활을 영위할 수 있게 되었다고 믿었다. 그런데도 너무 일을 많이 한다는 것이었다. 덧붙여 러셀은 현대인들이 여가의 미덕을 깨달아야 한다고 말했다. 그가 말하는 '여가'란 수동적으로 보내는 심심풀이 시간이 아니라 인간의 잠재력을 넓혀주는 활동을 의미한다.

누구든 4시간 이상 강제로 일할 필요가 없는 세상에서는 과학에 관심 있는 사람은 과학실험에, 화가는 그림 그리기에 마음껏 빠져들 수 있다. 결과물이 얼마나 훌륭하든 그렇지 않든, 굶을 염려는 하지 않아도 된다. 신경쇠약이나 피로, 소화불량이 지배하던 정신과 육체에 인생의 즐거움과 행복이 자리할 것이다.[75]

하루 4시간 노동이 그야말로 꿈같이 느껴져서 상상이 되지 않는가? 그렇다면 좀 더 현실적으로, 일일 노동시간이 1시간 줄어들 경우의 장점과 비용에 대해 생각해보자. 몇몇 국가들은 이미 일일 7시간 근로제를 채택하고 있고, 그렇지 않은 나라에서도 개별적으로 시행하는 기업들이 생겨나고 있다. 예컨대 독일은 2010년 기준으로 연평균 근로시간이 1,353시간이니 국경일 등을 감안하면 주4일, 하루 7시간 근무하는 셈이다. 야근이나 초과근무를 제하더라도 주5일제, 하루 8시간씩 일하는 나라들에 비교하면 약 700시간을 덜 일하는 것이다.

마음 좋은 사장님 덕분에 오늘부터 당신의 근무시간이 1시간 줄어든다고 상상해보자. 당연히 가족, 친구들과 함께할 시간이 늘어난다. 우리 중 70%가 과도하게 열심히 일하느라 빼앗기고 있던 시간이다.[76] 당신의 자녀들은 당신과 1시간 더 보내는 것과, 당신이 돈을 더 많이 벌어오는 것 중에 어느 편을 좋아할까? 내 친구의 말처럼, 아이들은 더 넓은 집보다 엄마 아빠를 조금이라도 더 많이 보는 쪽을 원할 것이다.

러셀이 제안한 하루 4시간 노동은 정해진 근무시간 이외에 삶의 질을 높이는 프로젝트를 실험해볼 수 있는 자유를 준다. 현실이 당신에게 4시간만 일할 자유를 주지 않는다면? 그럴 때는 미국 시인 월리스 스티븐스Wallace Stevens의 전략을 고려해보자.

그는 《시선집Collected Poems》으로 1955년에 퓰리처상을 받은 미국의 대시인이다. 또한 한편으로 그는 '월급쟁이'였다. 그는 변호사 자격을 취득한 후 코네티컷 주의 어느 보험회사에 취직해 훗날 부사장까지 승진했다. 하지만 그는 흔히 볼 수 있는 워커홀릭 경영자는 아니었다. 매일 저녁 퇴근한 뒤에는 '미국 현대시의 거장'이 되어 펜을 들었다.

그는 두 가지 삶을 완전히 분리했다. 그는 낮의 직업을 수행할 때는 사기꾼이 된 것 같았다고 했다. 변호사로 생활할 때 '연극하는 기분'이라고 표현하기도 했다. 비록 돈을 벌지는 못해도 시를 쓰는 일이 자신의 '진짜 직업'이라고 여겼다. 하지만 전업작가가 되어서 자신의 기술을 상업화하고 싶은 마음은 추호도 없었다. 퓰리처상을 수상한 후 하버드 대학의 교수직을 제안받지만, 그마저 거절하고 계속 보험회사에 다녔다.

어찌 보면 그의 이중적(?) 삶은 자신이 좋아하는 일을 순수의 영역에 두고 보호하기 위한 자구책이었는지도 모른다. 그는 직장생활을 인생의 중요 프로젝트로 삼는 대신, 인간으로서 더욱 원대한 꿈을 추구하도록 해주는 경제적 안전망으로 활용했다.

'삶의 성취감을 느끼게 해주는 일'이란 바로 이런 것이다. 이것은 누구나 적용할 수 있는 삶의 기술이기도 하다. 여가시간에 바이올린을 연주하거나 풍경사진을 찍고, 동호회 활동을 하는 일에 충분한 시간과 에너지를 쏟을 수 있는 여유로운 직업을 찾으면 된다.

그렇다면 성취감을 느끼게 해주는 직업을 포기해야 한다는 뜻일까? 꼭 그런 것은 아니다. 의미 있는 직업이 반드시 당신의 삶 전체를 차지하라는 법은 없다. 예전에 나는 운 좋게도 처음 만나는 사람들을 위해 '대화를 위한 식사' 자리를 만드는 근사한 일을 한 적이 있었다. 정오부터 오후 6시까지 일했는데, 그 덕분에 오전에는 소설을 쓸 수 있었다.

일과 여가 사이를 가로막는 개념의 장벽을 부순다면 24시간 내내 성취감을 만끽할 수 있다. 이른바 '여가활동'은 돈벌이가 되지 못하지만 헌신적으로 추구한다면 또 다른 성취감을 안겨줄 수 있다. 월리스 스티븐스는 시를 통해 사회적 영향력과 동료 시인들의 존경을 얻었고 자신의 재능을 발휘할 수 있는 천직을 찾은 기쁨을 만끽했다. 직업은 반드시 수입이 있어야 한다는 구시대적 사고방식에 너무 얽매이지 말자.

물론 돈을 아예 무시할 수는 없다. 버트런드 러셀의 조언대로 하루 4시간씩만 일하면서 창조적 게으름을 피우면 자유롭다는 걸 누가 모르겠는가? 목구멍이 포도청이니 수입이 줄어들까 봐 불안해서 못할 뿐이다. 회사를 설득해 일주일에 5일이 아니라 4일만 일할 수 있다고 가정해보자. 월급의 20%가 줄어들어도 생활이 가능할까? 그러느니 차라리 야근을 더 하겠다고?

줄어든 수입을 기꺼이 즐기는 가장 효과적인 방법은 탈脫 산업시대에 빠르게 퍼져나가는 신조인 '소박한 삶'을 지향하는 것이다. 소박한 삶을 추구하는 사람들은 자발적으로 물리주의와 소비주의에 반대하고 의미 있는 존재를 추구했던 이들의 전통을 따른다. 1980년대에 2년 동안 자급자족을 실험한 자연주의자 헨리 데이비드 소로Henry David Thoreau를 생각해보자. 소로는 30달러도 채 안 되는 돈으로 직접 오두막집을 짓고 농사를 지어 생활비를 줄였다. 책을 읽고 글을 쓰고 자연을 관찰하면서 쓴《월든》에서 그는 "인간의 부유함은 그가 신경 쓰지 않고 내버려둘 수 있는 것들의 수에 비례한다."는 유명한 말을 남겼다.

그의 뒤를 조 도밍후에즈Joe Dominguez가 따랐다. 그는 가난한 쿠바 이민자의 아들로 태어나 1960년대에 월스트리트의 애널리스트가 되어 빈민가를 벗어났다. 그러나 세상은 그를 현대식 '소박한 삶' 캠페인을 창시한 활동가이자《돈 사용설명서》의 공저자로 기억한다.

"월스트리트에서 일할 때, 대부분의 사람들이 살기 위해 일하는 것이 아니라 일하면서 죽어가는 모습을 봤다. 모두들 아침에 출근할 때보다 더 죽을상이 되어 집으로 돌아갔다. 나는 그들과 똑같은 실수를 저지르지 않겠다고 결심했다."[77]

그래서 그는 계획을 세웠다. 빈민가에 살며 가구를 직접 만들고 헌 옷을 사 입으면서 한 푼이라도 더 저축했다. 마침내 서른 살이 되었을 무렵, 매년 6,000달러의 이자를 받을 만큼의 돈을 모았다. 이자수익으로 잘만 하면 먹고살 수 있겠다는 판단이 들자, 그는 미련 없이 직장을 그만두고 캠핑용 밴을 구입해서 근검절약하는 자유로운 삶을 찾아 서부로 떠났다.

소로와 도밍후에즈는 극단적인 형태의 소박한 삶에 도전한 경우다. 삶의 방식을 그들처럼 근본적으로 바꿀 사람은 많지 않을 것이다. 그러나 조금 낮추는 것은 가능하다. 여전히 20% 줄어든 수입으로는 살 수 없다고 생각한다면, 인생의 오묘한 신비를 떠올려보라. 수입이 늘어나도 수중에 남는 돈은 늘어나지 않는 수수께끼를. 어지간히 재정관리를 잘하지 않는 한, 돈은 늘어나는 만큼 많이 쓰게 돼 있다. 그 반대로 일을 줄여서, 또는 마음이 원하는 일을 하느라 수입이 줄어들면 새로운 경제사정에 맞춰 먹을거리나 옷, 여흥에 들어가는 돈도 줄어들고 그럭저럭 적응하면서 살게 되는 것이 인지상정이다. 아니, 실제로는 가장 값비싼 소모품인 '시간'이 충분해지므로 돈 많던 시절보다 나은 삶을 살 수 있다.

말도 안 된다고? 이해한다. 흔히 생활수준을 높이기는 쉬워도 낮추기는 어렵다고 하니 내 말이 미심쩍게 들릴 것이다. 그래서 당신을 위해 사례 하나를 소개할까 한다.

변호사 생활을 용감하게 청산한 우리의 사미라 칸은 사회사업가로 활동하며 이따금씩 프리랜서 변호사 일을 한다. 수입? 말도 못하게 줄었다. 하지만 그녀와 남편은 새로운 생활에 잘 적응해나가고 있다. 나는 그녀에게 어떻게 경제적 고통을 헤쳐나갈 수 있었는지 물었다.

"한 달 수입이 수천 파운드나 줄었어요. 예전에 저는 도대체 그 돈을 다 어디에 썼던 걸까요? 부끄럽지만 도무지 모르겠어요. 그 돈이 없어도 잘만 살 수 있어요. 오히려 삶의 질은 예전보다 나아졌죠. 집에서 가족과 지내는 시간이 많아졌고 친구들과 함께하는 시간도 늘어났어요. 대형 슈퍼마켓 체인점이 아니라 재래시장이나 직거래로 먹을거리를 싸게 구입해서 근사한 저녁식사도 직접 준비하고요. 낚시꾼들이 잡은 고기를 사기도 해요. '낭비하지 않으면 부족함도 없다'는 부모님 세대의 절약정신을 실천하면서 살고 있죠. 예전에 수입이 많을 때도 이랬으면 좋았을걸! 돈을 쓰지 않는 데서 얻는 즐거움은 상상 이상으로 커요. 제 몸을 직접 움직여서 끊임없이 뭔가를 하니까요. 최근에는 유튜브로 훌라후프와 뜨개질도 배웠죠. 점점 창조적인 사람이 되고 있어요. 제가 이렇게 창조성이 뛰어난지 예전에는 미처 몰랐어요!

물론 새로운 생활에 적응하기 위해서는 변화가 필요했어요. 돈을 어디에, 왜 쓰는지 꼼꼼하게 살펴야 했죠. 예전에는 필요해서 사는 것과 그냥 갖고 싶어서 사는 걸 별로 구분하지 않았어요. 그냥 다 샀거든요. 하지만 지금은 예전처럼 비싼 레스토랑에서 친구들을 쉽게 만날 수가 없어요. 그 비용을 저 스스로 납득하기 힘들어졌기 때문이죠. 그런 호사를 누리고 싶을 때는 더 이상 필요 없어진 물건을 이베이에 팔아서 모자란 돈을 벌충해요. 그것도 은근히 중독성이 있다니까요. 소박한 삶 덕분에 자신을 깊이 되돌아보고 인생의 모든 것을 가치 있게 여기게 됐어요."

소박한 삶을 살려면 '예술은 불필요함을 제거하는 것'이라는 피카소Pablo Picasso의 철학을 받아들여야 한다. 한 달간의 모든 지출항목을 '필요한 것'과 '원하는 것'으로 구분해 자세히 기록하고 다음 달부터 '원하는 것'의 지출을 반으로 줄이려고 해보자. 삶의 질이 크게 떨어졌는가, 아니면 놀랄 만큼 큰 자유를 손에 넣었는가? 다른 방법도 있다. 벼룩시장이나 중고 가게를 적극 활용하거나 세발자전거나 소파 등 이제 더 이상 사용하지 않게 된 물건을 온라인 중고장터에 내놓는 것이다.

돈 버는 시간을 줄이면 쓸 돈이 줄어드는 건 어쩔 수 없다. 그러나 한편으로, 직업을 유지하려면 그만큼 돈이 들어간다는 사실도 기억할 필요가 있다. 조 도밍후에즈가 '작업복'이라 부른 정장이나 구두, 가방은 물론 출퇴근 교통비, 간식비, 스트레스를 날려줄 근사한 휴가 등에 돈이 얼마나 들어가는지 생각해보라. 그렇게 많은 돈을 써가면서까지 힘들게 일해야 할까?

소박한 삶은 직업을 바꾸려고 할 때 더욱 유용하다. 로라 반 보슈처럼 천직을 모색하며 근본적 안식기를 가질 때, 검소하게 생활하는 습관이 몸에 배어 있으면 새로운 직업을 실험해볼 시간 여유가 늘어난다. 예전보다 가벼워진 주머니로도 생활이 가능하다는 사실을 알면, 수입은 적어도 의미를 주는 직업으로 진로를 바꾸기도 한결 쉬워진다.

열심히 일해 성공하라는 이데올로기가 지배하는 현대사회에서 노동윤리를 외면하기는 쉽지 않다. 살아 있다는 느낌을 주는 일에 몰두해 있다면 더더욱 그러고 싶지 않을 것이다. 그러나 일주일에 4일만 일하고 나머지 시간을 잠재적 자아를 찾는 데 쓰고 싶다면, 소박한 삶을 실천하면서 '적을수록 많은 것less is more'이라는 이상에 담긴 아름다움을 찾아보는 것이 현명하다.

삶을 풍요롭게 가꿀 시간 여유가 많은 직업을 찾는 것은 가능하다. 그러나 우리 삶에는 변수가 있다. 가정을 꾸리게 된다면 성취감을 주는 일을 찾는 여정에 어떤 일이 일어날까?

버트런드 러셀(오른쪽에 앉은 사람)은
하루에 4시간만 일할 것을 주장했다.
그는 자신이 내세운 '여가시간'의 개념을
활용해 (돈을 버는 4시간의 노동이 끝난 후)
영국의 핵군축 캠페인에 참여하곤 했다.

© Mary Evans Picture Library

두 마리 토끼를
잡는다는 것은

수요일 아침 8시, 몸이 아파 어린이집에 갈 수 없는 세 살짜리 쌍둥이를 누가 집에 남아서 돌볼지 의논하다가 아내와 나는 결국 말다툼을 한다. 아내는 경제개발 원조기관에서 일하는 경제학자인데, 요즘 경제성장 대안 보고서를 쓰느라 바쁘다. 그녀는 그 힘든 일을 주 3일 업무 시간 안에 해결해보려고 안간힘을 쓴다. 그리고 나는 성취감을 느끼게 해주는 직업을 찾는 방법에 대해 원고를 쓰고 있다. 일주일에 4일만 글을 쓰면서 어떻게든 마감일을 맞추려고 버둥거리고 있다. 우리 부부는 아이들을 사랑하지만 둘 다 일에 푹 빠져 있다. 그래서 아내와 나 모두 예정에 없던 육아로 하루를 '희생'하고 싶은 생각이 없다.

이런 딜레마는 일에서 성취감을 느끼는 동시에 헌신적인 부모 역할도 하는, 소위 '두 마리 토끼'를 잡으려는 사람들에게 흔히 찾아온다. 조부모의 도움을 받거나 베이비시터를 구할 정도로 형편이 여유로운 사람은 많지 않다. 대다수는 일을 하면서 자녀를 직접 돌봐야 한다. 특히 자녀가 취학 전이라면 절대적으로 많은 시간을 아이에게 할애해야 한다. 월요일은 그나마 낫다. 하지만 화요일, 수요일을 지나 목요일쯤 되면 잠을 못 자 머릿속은 하루 종일 멍하고, 생각도 정돈되지 않고 실타래처럼 엉켜버린다. 귀여운 아이와 산책길에서 즐겁게 웃는 장면은 TV 속에서만 존재할 뿐, 실제로는 계속 매달리고 징징대는 아이가 무슨 전생의 원수 같다.

하루 종일 일과 아이와 집안일 사이에서 허둥대다 보면 나 자신을 위한 여유도 사라지고, 서로 집안일을 떠밀다가 부부관계에도 조금씩 금이 가기 시작한다. 밖에서도 성공하겠다는 야망은 점점 희미해지고, 일로써 자아실현을 하겠다는 부푼 꿈도 사라진다. 불안정한 꿈보다는 불만족한 현실이 익숙하니 안주하게 되는 것이다.

이렇게 만만치 않은 현실이지만, 그래도 많은 사람들이 '일'과 '가정'이라는 두 마리 토끼를 잡아보겠다고 나선다. 특히 1980년대 이후 정서적으로 안정되고 공부도 잘하는 아이들, 행복한 결혼생활, 좋은 직업을 가진 '슈퍼우먼'이 선망의 대상이 되면서 더욱 많은 사람들의 도전목표가 되었다. 그러나 남녀를 불문하고 행복한 가정생활을 꾸리는 동시에 일에서도 만족할 만한 성취를 거두는 것이 과연 가능하기는 할까? 이 질문에는 직접 답하는 것보다 자세하게 풀어 설명하는 편이 낫다. 지금부터 두 마리 토끼를 잡는 문제에 관한 네 가지 새로운 관점을 제안하겠다.

당신이 아닌 사회의 딜레마

자녀를 키우면서 일에서도 재미와 성공을 얻고 싶은데 마음처럼 되지 않아 속상한가? 남들은 멋있고 능력 있는 프로페셔널과 자상한 부모의 역할을 저리 잘하는데 나만 왜 이 모양일까 싶어 자괴감이 드는가? 그럴 때는 딱 하나만 기억하라. 그것은 당신 잘못이 아니다.

당신이 겪는 시간 부족과 심리적 긴장감은 대부분 사회와 문화적 요소가 가져온 결과다. 특히 여성들이 두 마리 토끼를 붙잡기 어려운 이유다. 당신의 위기가 아니라 사회의 위기라는 말이다.

사태를 이 지경으로 만든 원인 중 하나는, 여성의 사회 참여가 늘어난 데 비해 가정생활에 대한 남성의 태도는 별로 바뀌지 않았다는 데 있다. 프랑스의 철학자이자 페미니스트인 시몬 드 보부아르Simon de Beauvoir는 일찍이 1940년대에 이 문제를 인식했다. 그녀는 20세기 초반 들어 일하는 여성이 급격하게 늘어난 사실을 논하면서 "여성은 돈을 벌 수 있는 직업을 가짐으로써 남성과의 격차를 상당 부분 좁힐 수 있었다."고 말했다. 그러나 대다수의 여성이 직업이 있는데도 육아와 살림이라는 전통적인 여성의 세계에서 벗어나지 못하고 있다는 사실 또한 그녀는 잘 알고 있었다.[78]

보부아르는 이중부담, 즉 여성이 직장에서 퇴근해 가사라는 '두 번째 교대 근무'를 해야 한다는 사실을 강조했다. 저녁식사 준비에서부터 한밤중에 일어나 우는 아기를 달래는 일까지 여성이 남성보다 훨씬 많은 가사를 책임져야 한다. 오죽하면 작가 에리카 종 Erica Jong은 "해방된 여성들은 어쩔 수 없이 녹초가 될 자격을 획득했다."고 선언했겠는가.

심리학자 파울라 니콜슨 Paula Nicolson이 최근에 발표한 연구결과에는 남편이 육아를 똑같이 분담할 것이라는 초보 엄마들의 기대는 백에 아흔아홉은 착각이라는 사실이 잘 드러나 있다.[79] 아기가 태어나자마자 남성은 생계 부양자라는 전통적인 역할로 물러난다. 아기가 없던 시절에 누렸던 사교활동을 한 가지도 포기하지 않으려고 고집을 부리고, 가사분담에 대한 호언장담은 어느새 흐릿해진다. 온갖 잡지에 나오는 '슈퍼 아빠' 이야기에 속지 말라. 물론 과거보다는 집안일에 적극적인 아빠들이 많아지고 이른바 '전업남편'도 늘어나는 추세이지만, 영국 같은 나라에서 아빠가 우선적 보호자인 경우는 20명에 한 명꼴밖에 되지 않는다.[80] 우리 사회는 여전히 여성에게 대부분의 육아를 떠넘긴다. 가정을 위해 일을 조정해야 하는 쪽은 아빠가 아니라 엄마라는 것이다.

문제의 두 번째 측면은 직장 현실이 육아를 감당하기 어려운 구조로 이루어졌다는 점이다. 아빠들이 육아에 적극 참여하고 싶어도 많은 나라에서는 아빠들에게 고작 몇 주의 출산휴가밖에 허락하지 않는다. 물론 예외도 있다. 양성평등의 선진국인 노르웨이는 부부가 46주의 유급 육아휴직을 어떻게 나눠 쓸지 결정할 수 있다. 그 결과 90%의 아빠들이 최소한 3개월의 육아휴직을 사용한다.[81] 최근 다른 나라도 분발하고 있는 추세다. 영국에서는 새로운 법에 따라 아빠들이 6개월간 육아휴직을 쓸 수 있게 될 것이다.

대부분의 나라에서 직장인들의 휴가가 1년에 4주도 채 되지 않는데 학교에 다니는 아이들의 방학은 12주 가까이 된다는 점도 문제다. 부모 중 한 사람이 일을 제쳐놓지 않고 8주의 공백을 메우는 묘안이 과연 존재할까? 학기 중에도 학교 수업은 직장보다 몇 시간 일찍 끝나지만, 근무시간을 탄력적으로 조정해 학교로 아이들을 데리러 갈 수 있는 직장인은 소수에 불과하다.

이렇게 뜯어고칠 제도가 한두 가지가 아닌 정신 나간 사회체제 속에서 일에서의 야망과 원만한 가정생활을 둘 다 붙잡으려고 애쓰면서 좌절감에 빠지지 말라. 결코 당신 책임이 아니다.

엄마에게만 맡겨진 토끼 사냥

일과 가정에서 모두 성공하는 문제를 다루는 책이나 신문기사에는 암암리에 그것이 여성의 능력(혹은 의지) 문제라는 가정이 깔려 있다. 신문이나 경제지, 여성지에는 여러 난관을 헤쳐 나가면서 기업의 CEO인 동시에 최고의 가정주부라는 초인적 묘기를 보여주는 여성들의 인터뷰가 소개되곤 한다. 두 마리 토끼를 잡은 여성들이 '엄친아'로 자란 자녀들을 대동하고 미소를 지으며 자신만의 비결을 들려준다. 매일 새벽 5시에 일어나는 시간관리의 달인, 두세 가지 일쯤은 멀티플레이로 가볍게 해내는 여성, 중요한 비즈니스 협상을 마치고 퇴근해서는 30분 만에 근사한 요리를 뚝딱 만들어내는 여성까지. 직장인과 엄마라는 1인 2역을 능숙하게 하지 못하는 것은 변명의 여지 없이 잘못이며, 프로로서 엄마로서 자질이 부족해서라는 뉘앙스도 곳곳에서 묻어난다.

저널리스트이자 슈퍼우먼이었던 콘란 Shirley Conran은 20년 전에 그런 이데올로기 공세가 실제로 여성들에게 영향을 미쳤다고 밝혔다.

미디어에서는 여성이 일과 가정, 남편, 자녀, 사회생활을 전부 아무렇지도 않게 척척 해결하는 동시에 24시간 내내 완벽한 헤어스타일을 유지하고 여가시간에 일본어를 배운다거나 하는 특수 기술까지 익혀야 한다고 선동한다. 그 결과 평범한 여성들의 불안과 우울증세가 심해지고 있다.[82]

반면 남성들은 어떠한가? 여성들이 코너로 몰리는 동안 남성들은 대부분 조용히 뒷짐 지고 물러나 있다. 일하는 엄마들이 두 마리 토끼를 잡을 가능성은 남편이 어떤 역할을 수행하는지 알아야만 온전히 파악할 수 있다. 전통적인 두 부모 가정의 경우, 여성이 직장생활을 하면서 자녀와 많은 시간을 함께 보내려면 남편의 지원이 있어야 한다. 식사 준비를 비롯한 가사의 절반을 남편이 분담해야 한다. 여성이 일과 육아를 둘 다 해내지 못한다면 그것은 개인적인 부족함 때문이 아니라 남편이 집안일에 손 하나 까딱하지 않기 때문이다.

남성의 역할을 간과한 채 여성에게만 초점을 맞춘다면 일과 가정생활을 동시에 하면서 생기는 복잡다단한 문제에 맞춰 타협해야 하는 쪽이 아빠가 아닌 엄마라는 문화적 편견을 강화할 뿐이다. 남녀 모두 일에서 자아실현을 이룰 수 있는 동등한 사회에 살고 싶다면 구태의 문화적 관습에 맞서야 한다. 두 마리 토끼를 잡아야 하는 딜레마에 남녀가 함께 맞섬으로써 현명한 타협점을 찾아야 한다.

물구나무선 기타리스트의 삶을 그리워하던 이아인 킹을 기억하는가? 그는 사랑하는 아내에게 기저귀를 갈고 식사를 준비하는 정신없는 일상을 뛰어넘는 정신적 자극이 필요하다는 사실을 알고 있었다. 그래서 이아인이 아프가니스탄의 평화유지 업무를 그만두고 집에서 아들을 돌보는 전업남편이 되고, 아내는 외교관의 삶으로 돌아가기로 결정을 내렸다. 아이가 생겨도 남성은 예전과 똑같이 일할 수 있다는 '당연한' 생각을 버려야 한다. 마찬가지로 당연히 여성이 일을 그만두고 육아와 살림을 도맡아야 한다는 생각도 버려야 한다. '여성이 두 마리 토끼를 잡을 수 있을까?'가 아니라 '어떻게 하면 남편과 아내가 서로 도우면서 '두 사람 모두' 두 마리 토끼를 잡을 수 있을까?'를 고민해야 한다.

육아를 독립된 직업으로

일과 가정을 동시에 돌봐야 하는 힘든 과제에 대처하는 가장 흔한 방법은 자녀가 어느 정도 클 때까지 한쪽 부모, 대개는 엄마가 파트타임으로 일하는 것이다. 그러나 전일제로 해도 만족스럽게 일이 될까 말까 한데, 그런 제한이 따르면 직업적 성취 따위는 그림의 떡이 되어버린다. 일주일에 3일만 일하면서 과연 성공할 수 있을까? 당신은 아이들을 어린이집에서 데려오느라 동료들처럼 야근은 꿈도 못 꿀 처지인지도 모른다. 파트타임으로 일하는 많은 이들이 직장 업무도 제대로 처리하지 못하고, 아이들과도 충분히 시간을 보내지 못할까 봐 걱정한다. 심리치료사로 내담자를 상담하고 세 살짜리 아들까지 돌봐야 하는 한 여성은 "둘 중 하나도 제대로 하지 못하는 것 같다."고 말했다.

이 문제의 대안은 한꺼번에 두 가지를 하려고 고군분투하는 대신, 두 가지를 꼭 동시에 할 필요가 없다는 사실을 받아들이는 것이다.

그러려면 멀리 내다보고 한 걸음 뒤로 물러날 필요가 있다. 인생은 여러 단계로 이루어지고 각 단계마다 당신의 다른 모습이 표현된다고 생각해보자. 셰익스피어 William Shakespeare가 말한 '일곱 나이 Seven Ages of Man'처럼 말이다. 일에 모든 것을 바쳐 집중하는 단계가 있고, 그다음에는 육아에 헌신하는 단계를 거치며, 또다시 일로 돌아가는 단계가 찾아온다고 생각하면 어떤가. 다시 말해 '두 마리 토끼를 잡으려는' 목표를 좀 더 긴 시간에 걸쳐 추구하는 것이다. 일하는 여성이라면 30대 후반까지 엄마가 되는 것을 미루고 일에 열중할 수 있다. 그러면 일에서 성취감을 느낄 수 있는 시간이 충분히 생긴다.[83]

모든 전략이 그렇듯 여기에도 위험은 따른다. 경력단절은 고용주 입장에서는 생각보다 심각한 결격사유다. 아무리 유능했더라도 몇 년 동안 현업에서 떠나 있던 사람을 반겨 맞이해주는 직장은 많지 않다. 내가 만난 헬레나 포시Helena Fosh도 그런 현실 앞에서 당황하고 있었다. 그녀는 광고회사에서 몇백만 달러짜리 계약을 관리하는 근사한 직업을 엄마라는 역할과 맞바꿔야 했다.

"하지만 아이가 둘이나 생기면서 속으로는 아직 현장에서 일하는 다른 여자들이 부러웠어요. 제게는 목적의식이 없는 것처럼 느껴졌거든요. 가족과 남편의 인생을 위해 헌신하는 게 소중하다고 생각되지 않았어요."

헬레나는 '성공한 직장인'에서 '전업주부'로의 정체성 변화가 얼마나 힘든지 깨달았다. 엄마라는 역할은 돈벌이도 되지 않고 승진 가능성도 없지 않은가. 결국 그녀가 선택한 해결책은 다시 일을 하는 것이었다. 그러나 그녀는 자신의 경력이나 기술이 한물갔을 뿐 아니라 오랜 공백으로 자신감도 바닥난 상태라는 냉정한 현실과 맞닥뜨려야 했다.

"잃어버린 자신감을 어떻게 되찾아야 할지 너무 막막했어요." 그녀는 전문직을 그만두는 것은 여성의 최대 실수이며 어떤 대가가 따르더라도 아이를 키우느라 절대로 현업에서 발을 떼면 안 된다고 힘주어 말했다.

헬레나의 말에 찬성하지 않는 사람들도 있을 것이다. 전업으로 육아에 매진하는 많은 사람들은 그것이야말로 가장 보람 있는 직업이라고 생각한다. 인생에 의미와 방향을 제시해주는 숭고한 일이라는 것이다. 돈을 받으며 직장에 다닐 때는 소모품이 된 기분을 종종 느꼈지만 부모는 아이에게 없어서는 안 되는 존재다. 그 누구도 당신을 대신해서 아이의 엄마나 아빠가 되어줄 수 없다.

낸시 폴브레Nancy Folbre 같은 페미니스트 경제학자들은 육아를 하나의 직업으로 인식하는 사상을 널리 옹호했다. 폴브레는 육아와 가사 같은 무급노동에 담긴 엄청난 사회적 기여도와 경제적 가치를 강조한다. 한 예로 영국 주부들이 하는 집안일을 돈으로 환산하면 매년 약 3만 파운드에 이른다.[84] 전업주부들의 재산형성 기여도가 절반에 이른다는 조사 보고서도 나오고 있다.

캐나다 출신의 브라이언 캠벨Brian Campbell은 아내와 헤어진 후 네 아들을 직접 키우기 위해 중국 시학을 가르치는 전도유망한 직업을 포기해야 했다. 그는 육아가 돈벌이는 되지 않지만 가치 있는 노동이라고 생각해 2년 동안 직접 아이들에게 홈스쿨링을 하기도 했다. 비록 학자로서 성장할 기회를 놓쳐 유감스럽지만 후회하지는 않는다고 했다.

"아이들 키우는 것을 제 직업으로 받아들였습니다. 아이들에게 제 가치관이나 배움에 대한 열정, 문제해결법을 가르치고 최대한 곁에서 돌봐주고 지지해주는 것은 제 학문을 희생할 가치가 충분히 있는 일이니까요."

'부모'라는 직업에는 돈이나 사회적 지위가 아니라 인간관계의 보상이 따른다. 돈독한 부부 및 자녀관계가 형성되므로.

직업의 새로운 방향을 제시하는 육아

아이들이 어렸을 때, 브라이언은 정원에서 벌을 관찰하면 아이들에게 동식물을 사랑하는 마음을 길러줄 수 있어 유익하리라고 생각했다. 그래서 부업 삼아 벌을 키우기 시작했다. 그의 양봉업은 성공적이었다. 15년이 지난 지금, 아이들이 성인으로 성장한 후에도 브라이언은 조그만 농장을 빌려 양봉 일을 계속하면서 도시 양봉업에 대한 강의도 한다.

"전 벌을 좋아하는 데다 다른 사람들과 열정을 나눌 수 있어서 더욱 좋습니다. 어느새 그게 전업아빠 외의 제 직업이 되었네요. 주도

면밀하게 계획한 건 아닙니다. 제 자신과 가족을 부양하는 일에서 서서히 발전된 거죠. 어떤 일이 삶을 떠받쳐줄 수 있을 때 '직업'이 되는 것 같습니다."

일과 가정의 균형을 맞추는 문제에 대한 네 번째 새로운 관점은 육아가 진로를 새로운 방향으로 바꾸는 예상치 못한 기회를 제공하기도 한다는 것이다. 브라이언처럼 많은 부모들이 육아에 참여하면서 새로운 관심사와 기술을 갖게 된다. 그것이 그들을 전혀 새로운 영역으로 이끌어줄 수 있다. 광고회사에서 일하던 톰 버로우Tom Burrough는 일자리를 잃고 전업으로 아이를 키우던 중 시중에서 파는 유아용 식품의 맛이 평범하기 짝이 없다는 사실에 경악했다. 그는 어린 딸을 키우면서 모로코식 양고기 스튜, 생선과 콩이 들어간 모르네 소스 등 아기들이 먹을 맛있는 요리를 만드는 조그만 사업을 시작했다. 마케팅 분야에서 일하던 케이라 오마라Keira O'Mara도 출산휴가 도중 해고당하고 육아에 전념하면서 사업을 시작했다. 밖에서 모유수유를 할 때 사람들이 보내는 못마땅한 시선을 견디다 못한 케이라는 마마스 카프Mamascarf라는 제품을 개발했다. 수유용 스카프인 이 제품은 현재 영국 전역의 소매점에서 판매되고 있다.

부모가 되면 무조건 커리어가 끝장나거나 공백이 길어진다고만 생각하는 것은 섣부르다. 오히려 육아라는 새로운 영역을 접하면서 예전에는 전혀 생각하지 못했던 새로운 시작점을 맞이할 수 있다. 육아라는 미지의 세계는 단 하루만 머물러도 녹초가 될 정도로 힘들지만, 마음을 자유롭게 해주고 창조성을 길러주며 전혀 생각지도 못한 실험을 해보는 계기를 제공한다.

얽매인 노예로 살지 말라

미켈란젤로Buonarroti Michelangelo의 작품 중에 '얽매인 노예The Captive Slave'가 있다. 미완성인 것처럼 보이는 이 작품은 돌에서 벗어나려고 몸부림치는 사람의 모습을 표현했다. 일부 미술사가들은 물질에서 벗어나려고 애쓰는 영혼을 형이상학적으로 표현한 작품으로 해석한다. 그런가 하면 돌 속에 박힌 사람의 모습이 우리 내면의 진정한 자아와 운명을 찾아야 한다는 은유라고 해석하는 사람들도 있다. 나는 일상생활의 자유를 찾아 투쟁하는 모습을 표현한 작품이라고 생각한다.

자유는 인간에게 얼마나 소중한가? 물론 그렇다고 해서 직장인 생활을 당장 때려우치고 마술사처럼 자유로운 직업을 가지라는 말은 아니다. 살다 보면 안정된 직업이 꼭 필요할 때도 있다. 무조건 게으름의 혁명에 동참하라는 것도 아니다. 일에 온몸을 바쳐서 인생의 활력을 얻는 사람들도 있으니까. 살다 보면 타협이 불가피할 때도 있다. 특히 일과 육아의 균형을 맞추려면 그렇다.

그러나 어쨌든 돌에서 빠져나오려고 시도해볼 가치는 있다고 본다. 개인적인 두려움과 사회적 관습, 고정관념에서 자유로워져 모험심을 발휘하는 것이다.

억눌린 모험심을 해방시키는 방법은 많다. 자신만의 맞춤 직업을 만들거나 과중한 업무의 족쇄에서 벗어나 열정을 좇으면서 소박한 삶을 살 수도 있다. 풍요의 시대를 사는 우리는 얽매인 노예가 될 필요가 없다. 슈마허의 말처럼 기계와 관료제의 노예가 되어 권태롭고 추악하게 살지 않아도 된다. 우리는 인생의 새로운 가능성을 새기고 돌에서 탈출할 능력과 의무가 있다.

'당신은 일에서 어떤 자유를 가장 갈망하는가?'

돌에서 벗어나려고 몸부림치는 노예를
표현한 미켈란젤로의 조각상.

미켈란젤로, '노예The Captive Slave', 1531년 작품. Photograph © Time & Life Pictures

How to Find Fulfilling Work
Roman Krznaric

THE SCHOOL OF LIFE

마치며 :
찾는 게 아니라 키워가는 것
How to Grow a Vocation

Chap 6

여전히
두려운 이유

"노동을 하지 않으면 삶은 부패한다. 그러나 영혼 없는 노동은 삶을 질식시킨다."

알베르 카뮈Albert Camus의 말이다. 영혼이 담긴 일을 찾는 것은 현대인의 가장 큰 열망이다. 여전히 많은 사람들이 일을 대할 때 '억지로 웃어가며 참기' 방식을 따르지만, 점차 자아를 가장 잘 반영하고, 더욱 인간적인 삶을 살 수 있게 해주는 일을 찾으려는 움직임이 커지는 추세다. 이 운동에 동참하고 싶거나 평생 직업을 찾고 싶은 사람들이 마지막으로 떠올려봐야 할 질문이 두 가지 있다.

이 책에서 나는 성취감을 주는 직업의 본질을 담고자 했다. 그 본질적인 요소에는 의미와 몰입, 자유가 존재한다는 사실도 살펴보았다. 일에서 성취감을 느낀다면 세 가지 요소 중에서 어떤 조합이 충족되는 경우다. 그런 사람들은 돈이나 사회적 지위에 지나치게 집착하는 것을 경계한다. 나아가 세 가지 요건이 전부 갖춰진다면 돈이나 명성을 뛰어넘는 더욱 큰 상이 주어진다. 영혼이 담긴 일의 성배聖杯라 부를 수 있는 것, 즉 성취감을 줄 뿐 아니라 '소명' 또는 '천직'이라는 느낌까지 줄 수 있는 직업을 가질 수 있다.

여기에서 첫 번째 질문이 등장한다. 어떻게 하면 천직을 찾을 수 있는가?

해결되지 않은 문제는 또 있다. 새로운 직업 속에서 성취감이라는 목표를 어떻게 완수할 것인가? 이제 우리는 그 과정의 기본을 잘 알고 있다. 다중적 자아를 반영해 몇 가지 직업으로 선택지를 좁힌 후에 근본적 안식기, 가지치기 프로젝트, 대화 리서치로 시험해보는 것이다. 이때는 '먼저 행동하고 나중에 고민하라'는 혁신적인 철학을 수용한 레오나르도 다빈치의 말대로 '경험의 제자discepolo della sperientia'가 되어야 한다.

하지만 시험과정에서 천생연분의 직업을 찾았다 하더라도 과감하게 결단을 내리지 못하는 경우가 많다. 과거와 단절된 채 새로운 자아를 만들어야 하는 미지의 영역에 발을 들여놓기가 본인도 모르게 섬뜩해지는 것이다. 마지막 단계는 특히 두렵다.

여기에서 두 번째 질문이 제기된다. 변화를 가로막는 그 장벽을 어떻게 이겨낼 수 있는가?

자, 이제부터 그 두 가지 답을 찾아 파리의 낡은 실험실과 그리스의 조그만 섬으로 떠나보자.

천직은 천천히 만들어진다

나는 강의 시간마다 '아직도 천직을 찾고 있는 중'이라고 한탄하거나 이미 '천직을 찾은' 사람들을 부러워하는 사람들을 만나곤 한다. 그들은 자신이 꿈꾸는 목적의식을 두루 아우르는 직업을 찾고 있는 듯한데, 아마 쉽지는 않을 것이다. 냉정하게 말하자면, 그런 마음가짐으로는 백이면 백 실패할 게 빤하다. 세상에 천직이 존재하지 않기 때문은 아니다. 다만 천직은 '찾는' 것이 아니라 '키워나가는' 것이기 때문이다.

이 말의 의미를 정확히 이해하려면 천직을 키우는 비결을 알아보기 전에 우선 천직의 의미와 그 중요성에 대해 다시 짚어볼 필요가 있다.

흔히 사람들은 천직을 '사랑하는 사람'처럼 생각하는 경향이 있다. 어느 날 갑자기 눈앞에 나타나는 거대한 '운명'처럼. 하지만 여기에서는 그처럼 낭만적인 접근법보다는 역사적 기원의 차원에서 정의해 보겠다.

천직은 성취감(의미, 몰입, 자유)을 주는 직업일 뿐 아니라, 매일 아침 일어나야 할 이유가 되는 명확한 목표나 목적이 들어 있는 직업이다. 의학분야 연구자에게는 운동신경원질환의 치료법을 찾는 것이, 환경 운동가에게는 저탄소 생활방식을 널리 퍼뜨리는 것이, 화가는 전통적인 관습을 타파하고 예술의 새로운 비전을 찾는 것이 목표나 목적이 될 수 있다.

당신에게는 그처럼 뚜렷한 대의나 분명한 목표가 없는가? 하지만 당신에게 허락된 천직이 없는 것 같다고 지레 걱정할 필요는 없다.

천직은 결코 흔하지 않지만 올바른 방식으로 접근하면 누구나 발견할 수 있다.

목적이 이끄는 삶

수천 년 동안 서구사상이 발견한 가장 중요한 진리를 한 가지 꼽자면, 분명한 목표나 목적이 만족스러운 삶을 살 수 있는 가장 확실한 방법이라는 것이다. 인생의 의미를 묻는 질문에 정답이 존재한다면 바로 이것 아닐까.

아리스토텔레스는 그것을 명백하게 인식한 최초의 사상가였다. "누구나 좋은 인생을 위해 추구해야 할 목표가 있어야 한다. (…) 그 목표는 앞으로의 모든 행동에 관련된다. 목적 하에 조직되지 않은 삶은 그 자체가 엄청난 어리석음의 증거다."[85]

의미 있는 목표를 가져야 한다는 생각은 16세기 들어 개신교의 '소명calling'이라는 개념으로 재등장했다. 누구나 신에 의해 미리 정해진 길 또는 '부름'을 따라야 한다는 믿음이었다. 농부는 최선을 다해 농작물을 길러야 하고 치안판사도 자신의 직업에 헌신해야 한다. 칼뱅Jean Calvin은 주어진 소명에 최선을 다하면 우리가 종종 느끼는 '큰 불안감'이 치유되고 인생이 뒤죽박죽되는 것을 막을 수 있다고 했다.[86]

칼뱅의 관점은 당시의 엄격한 사회계층제를 반영한다. 누구나 들어본 적 있는 '직업소명설'이 그것. 이 숭고한 이론의 핵심이 무엇이든 간에, 사람들이 받아들인 결론은 각자 타고난 직업에 만족해야 한다는 것이다. 운 나쁘게 농노로 태어났어도 어쩔 수 없다. 그리고 거기에는 신이 미리 정해준 일을 열심히 하는 것이 목표라는 의미가 들어 있다.

독일의 철학자 니체Friedrich Wilhelm Nietzs 역시 "살아야 할 이유가 있는 사람은 그 어떤 것도 견딜 수 있다."는 말로 인생의 지침이 되어주는 미션의 의미를 강조했다. 이러한 사상은 철학에서 20세기 심리학으로 옮겨갔다. 1940년대 오스트리아의 심리치료사 빅터 프랭클 Victor Frankl은 이렇게 말했다.

"인간에게 진정으로 필요한 것은 고통이 적은 상태가 아니라 자신에게 가치 있는 목표를 위해 노력하고 투쟁하는 것이다."[87]

그의 삶을 아는 사람이라면 이 말의 무게감이 남다르게 다가올 것이다. 히틀러 집권 시절, 유대인인 그는 아우슈비츠 수용소로 끌려갔다. 훗날 자유의 몸이 됐을 때, 프랭클은 수용소에서 겪은 경험을 토대로 '로고테라피Logotherapie'를 창시했다. '로고'는 '의미'를 뜻하며, 이는 곧 '생에의 의지'다. 단순히 살아남겠다는 의지를 넘어, 삶을 바쳐 만들어가야 할 목표를 뜻한다. 누구보다 그 자신이 삶을 바치고자 한 일생의 과업이 있었기에 극한의 상황에서도 포기하지 않고 이겨낼 수 있었다.

직업을 삶의 의미와 결부해온 오랜 전통은 오늘날 심리학자 미하이 칙센트미하이의 주장에도 반영되어 있다. 그는 "통일된 목적은 어디에서 비롯되든 간에 인생에 의미를 부여한다."고 주장한다. 사람에게는 '마치 자기장처럼 마음의 에너지를 끌어당기는 목표, 나머지 작은 목표들이 전부 기댈 수 있는 가장 큰 목표'가 필요하다는 것이다.[88] 아리스토텔레스가 들었다면 전적으로 동의했을 말이다.

마리 퀴리와 삶의 의미

그렇다면 이론은 이쯤에서 잠깐 접고, 실제로 사명을 실천한 사람들의 이야기를 들어보자. 역사 교과서는 그 자체로 '의미'를 추구한 이들의 이야기다. 그중 이 자리에서는 마리 퀴리를 불러보고자 한다.

마리 퀴리는 1867년에 가난한 폴란드 지식인 집안에서 태어났다. 총명한 그녀는 파리로 건너가 의학을 공부하고 싶었지만 어려운 가정형편 때문에 시골 마을에서 5년 동안 가정교사로 일했다. 낮에는 아이를 가르치고 밤늦게까지 수학과 해부학 책을 읽으며 돈을 모은 그녀는 드디어 1891년 24세의 나이에 파리로 건너가 의학 공부를 시작했다.

그러나 김나지움의 수학 및 물리학 교사였던 아버지의 영향인지, 그녀는 대학에 진학한 후 서서히 화학과 물리학 연구에 빠져들게 되었고 그 후 40년 넘게 과학 연구에 몰두했다. 실험실은 물론이고 집에 돌아와서도 새벽 2시까지 매일 12~14시간 동안 연구했다. 1897년 남편 피에르Pierre Curie와 함께 방사능 연구를 시작한 그녀는 1년 후 폴로늄과 라듐을 발견했다. 그 후 4년 동안 외풍 심한 낡은 창고를 실험실 삼아 순수한 라듐을 분리하는 데 몰두했다. 총명함과 헌신적인 노력은 그녀에게 1903년 노벨물리학상과 1911년 노벨화학상을 안겨주었다. 또한 그녀는 프랑스 최초의 여성 교수가 되었고 과학자로서 세계적인 명성을 얻었다.

마리 퀴리는 자신의 직업에 절대적으로 헌신했다. 돈도 없이 젊은 나이에 파리로 건너간 그녀는 빈민층의 삶을 살았다. 몇 주 동안 버터 바른 빵과 차만 먹으며 버티다 빈혈을 앓았고 배고픔에 못 이겨 정신을 잃기 일쑤였다.

훗날 과학자로서 위상이 높아진 후에도 세속의 안락함에는 관심이 없었다. 그녀는 명성이 높아지는 것을 꺼렸고 물질적인 위안에는 관심이 없었으며 세간을 늘리는 데도 취미가 없었다. 그녀에게 돈과 사회적 지위는 전혀 중요하지 않았다. 웨딩드레스를 사주겠다는 친척의 제안에도 "꼭 사주시려거든 실용적인 검정색으로 사주세요. 나중에 실험실에서도 입을 수 있게요."라고 고집할 정도였다.[89]

1934년에 67세의 나이로 세상을 떠나기 전 그녀는 자신의 노동 철학을 이렇게 요약했다. "누구한테나 인생은 쉽지 않은 법이다. 하지만 어떻게 살아야 하는가? 끈기와, 무엇보다 자신에 대한 확신을 가져야 한다. 자신이 어떤 일엔가 재능이 있다고 믿어야 하며, 어떤 희생을 치르든 그것을 달성해야만 한다."[90]

마리 퀴리의 생애에서 우리는 어떤 결론을 내릴 수 있는가? 그녀의 직업은 천직의 모든 특성을 갖추었다. 일은 그녀에게 의미의 기본 요소를 빠짐없이 충족시켜주었다. 지적 재능을 활용하고 과학에 대한 뜨거운 열정을 좇을 수 있었으며 방사능 치료가 암에 활용될 수 있다는 측면에서 세상이 진보하는 데 기여한다고 느낄 수 있었다. 아울러 방사능 물질을 발견하겠다는 그녀의 목표에는 목적의식 또한 들어 있었다. 그녀에게는 아리스토텔레스가 말한 '구체적인 목표'가 있었다.

그녀의 목표가 어디에서 비롯되었는지가 더욱 중요하다. 직업 진로 때문에 침울해하는 모든 사람들이 정말로 알고 싶어 하는 것, '어떻게 하면 천직을 찾을 수 있는가?'의 답이 되어주기 때문이다. 마리 퀴리의 생애는 '천직은 찾는 것이 아니라 키워나가는 것'이라는 답을 선사한다.

흔히 사람들은 천직이 순간적인 깨달음으로 찾게 되는 것이라고 잘못 생각한다. 자리에 누워 있다가 어떤 인생을 살아야 할지 퍼뜩 알게 된다고 말이다. '중국 요리책을 써라!'라는 신의 목소리가 들리기라도 하는 것처럼. 또는 자기성찰에 집중하다 갑자기 미래에 대한 맹목적인 통찰을 얻기도 한다. "내 인생의 목적은 수달 보존구역을 만드는 거야!"

신탁神託을 받는 것과도 비슷한 이런 발상은 그럴듯하고 매력적으로 보이지만, 사실은 우리에게서 책임감을 앗아갈 뿐이다. 무언가 또는 누군가의 지시에 따라 삶을 결정하는 것이기 때문이다.

마리 퀴리는 기적 같은 통찰의 순간을 거쳐서 방사능 물질 연구에 일생을 바치기로 결심하지 않았다. 그 목표는 쉬지 않고 과학 연구를 하는 동안 서서히 그녀의 삶으로 들어왔다. 원래 그녀는 언니처럼 의사가 되고 싶었지만 단강鍛鋼이 자성磁性을 띠는 현상에 대해 연구했

마리 퀴리는 천직을 찾은 것이 아니다.
그녀가 키워나갔다.

© Time & Life Pictures

다. 30세 때는 박사 학위를 위해 앙리 베크렐Henri Becquerel의 우라늄 최신 연구에 뒤이어 우라늄 광선을 연구하기 시작했다. 그녀는 라듐을 발견한 후 의심 많은 학계에 그 존재를 입증하기 위해 몇 년간의 후속 연구를 거쳤다.[91] 하늘에서 큰 소리로 천직이라고 알려준 것도 아니었지만 그녀는 조금씩 목표에 열중해갔다.

대부분 천직은 이렇게 나타난다. 간혹 폭발적인 깨달음의 순간으로 천직을 찾는 사람들도 있지만 보통은 자신도 모르는 사이에 천천히 확고해진다.[92]

결론적으로, 내가 전해줄 대단한 비결이랄 건 없다. 천직이라고 할 만한 직업을 찾고 싶다면 가만히 앉아서 혜성처럼 나타나기만을 기다려서는 안 된다. 마리 퀴리처럼 행동을 취하고 천직을 키워나가려고 노력해야 한다. 어떻게? 의미와 몰입, 자유라는 세 가지 요소가 충족되고 성취감을 느낄 수 있는 일에 헌신하면 된다. 마리 퀴리처럼 하루에 14시간씩 일하는 것은 조금 심했지만. 하지만 그조차 당신의 즐거움이라면 기꺼이 즐기시라. 시간이 지나면서 확실하고 고무적인 목표가 서서히 싹트고 더욱 커져서 인생의 꽃이 피어날 것이다.

당신을 묶고 있는
밧줄을 잘라내라

　많은 사람들은 직업 진로를 바꿀 때 마지막 장애물 앞에서 망설인다. 몇 달 동안 다양한 선택지 앞에서 고심하고 가지치기 프로젝트나 대화 리서치도 해본 끝에 마침내 자신에게 가장 잘 어울리는 직업을 찾는다. 하지만 그 순간 두려움에 사로잡혀 거기에서 그대로 멈춰버린다. 머릿속에 의구심이 휘몰아치기 시작한다. 이 일이 성취감을 주지 못하면 어쩌지? 지금 하는 일보다도 못하다면? '이거다!' 싶은 직업이 나타나기 전까지는 사직서를 보류하고 좀 더 기다려봐야 하지 않을까?

　새로운 일을 앞에 두고 불안해지는 건 지극히 정상이다. 직업을 바꾸는 일에 위험이 따른다는 사실은 부정할 수 없기 때문이다. 아무리 철저하게 준비한다 해도 불안과 미지로 가득한 길이니 흔들릴 수밖에 없다.

　어떻게 해야 그 미지의 길로 뛰어들겠다는 최종 결정을 내릴 수 있을까?

이 책을 집필하기 위해 연구 조사를 하면서 많은 사람들에게 그 질문을 했다. 흥미로운 점은, 각자 다른 방법으로 새 직업을 찾은 이들의 대답이 비슷했다는 것이다. 기업 변호사를 그만두고 현재 사회사업가로 활동하는 사미라 칸은 자신이 깨달은 교훈에 대해 이렇게 말했다.

"하도 힘들어서 실력 좋은 상담사를 찾아갔어요. 직업상담사를 찾아가다니! 제 스스로도 당황스러워서 친구들한테도 비밀로 했죠. 몇 차례 상담을 하고 나서 상담사가 그러더군요. '직장을 그만두지 않으면 평생 이런 절망 상태에서 살아야 한다는 걸 본인도 잘 알고 있을 거예요. 일단 그만두면 조금씩 안개가 걷힐 겁니다. 그러니 날짜를 정합시다.' 그러면서 6월 1일에 직장을 그만두자고 그러더라고요. 그때가 5월 중순이었는데 말이죠! 제가 너무 이르다고 하니까 상담사가 그랬어요. '안 그러면 절대 실행에 옮기지 못할걸요.' 맞아요, 그때까지도 전 진짜로 그만둘 생각은 없었어요. 어쨌든 정한 날짜대로 6월 1일에 직장을 그만뒀어요. 회사 다니기 싫다고요? 그럼 그냥 그만둬야 하는 거죠."

불편한 진실이지만 언젠가는 생각을 멈추고 행동에 옮겨야 할 때가 온다. 이것은 가장 오래된 삶의 지혜다. 이 삶의 기술은 인생에 반드시 목적이 있어야 한다는 생각과 함께 몇 세기 넘게 여러 형태로 변주돼 표현되어왔다.

이와 관련해 서구문화에서 가장 유명한 표현은 로마 시인 호라티우스Horace의 '오데스Odes'에 나오는 '카르페 디엠Carpe diem'이라는 말이다. 시간이 다 사라져버리기 전에 현재를 잡으라는 말이다. 유대교에서는 랍비 장로 힐렐Hillel the Elder이 "지금이 아니면 언제겠는가?"라고 한 말이 전해진다. 덴마크의 철학자 키르케고르Søren Kierkegaard도 '믿음의 도약leap of faith'을 강조했다. 작가 조지 엘리엇George Eliot의 소설 《미들마치》에 나오는 대목에서도 이러한 세계관을 엿볼 수 있다. "나는 해변을 따라 기어가느니 별을 지표 삼아 바다 한가운데로 노를 저어가겠다."

이러한 사상에는 인생은 너무도 짧으니 최선을 다해 살아야 한다는 깨달음에서 발휘되는 모험정신이 깃들어 있다. 소로의 말마따나 "삶의 모든 원기를 흡수하는 것"이다. 위기를 선택하지 않는다면 더욱 심오하고 활기 넘치는 존재가 될 수 없다.

다만 현실적인 이유 때문에 최종 결단을 내리기 어렵다면, 충격을 완화해줄 대비책을 몇 가지 마련해두자. 몇 달 동안 저축을 해서 여유자금을 만들면 새로운 일이 실패로 돌아가 생활이 궁핍해질까 봐 두려운 마음이 줄어든다.

공개 선언의 힘을 믿어보는 것도 유용한 방법이다. 가족과 친구들에게 진로를 바꾸겠다고 공개적으로 선언하면 기대가 커지고 행동할 용기도 생길 것이다. 글에는 결코 무시할 수 없는 힘이 담겨 있다. 결심한 사항을 글에 적기만 해도 달성확률이 높아진다는 연구결과는 이미 유명하다. 여기에 좀 더 드라마틱한 상황을 가미한다면, 자신의 부고訃告 기사를 써보는 것도 좋다. 먼 훗날 당신의 인생을 돌아본다고 생각하고 당신이 한 일이나 했으면 좋을 것 같은 일들을 써보자. 36세에 잘 다니던 금융 서비스 회사를 때려치우고 극장에서 일하거나 프리랜서로 다방면에서 활동할지 여부는 순전히 당신이 어떤 결정을 하느냐에 달려 있다. 본인의 부고를 직접 써보는 것은 '새로운 길을 갈 수도 있었는데' 하며 뒤늦게 후회하지 않도록 해주는 놀랍도록 효과적인 방법이다.

과거를 접어두고 새로운 인생을 시작하는 데 도움이 될 만한 방법이 또 있다. 1964년에 영화로도 제작된 작품《그리스인 조르바》에 나오는 조언을 따르는 것이다.

당신은 자유를 향한
마지막 걸음을
내디딜 준비가 되었는가?

영화 '그리스인 조르바' ⓒ Moviestore Collection Ltd.

삶을 사랑하는 주인공 조르바는 억눌린 성격의 영국계 청년 바실과 해변에 앉아 있다. 바실은 조그만 사업을 해보려고 그리스의 섬으로 왔다. 조르바는 바실을 위해 산에서 목재를 운반하는 수송장치를 만들지만 처음 가동하자마자 고장 나버린다. 두 사람의 사업계획이 시작도 해보기 전에 완전히 망가진 것이다. 상심에 빠져 허탈해하는 바실에게 조르바가 말한다.

"빌어먹을, 대장. 난 당신을 좋아하니까 꼭 말해야겠어요. 당신은 한 가지만 빼고는 다 갖췄어요. 광기! 사람이라면 약간의 광기가 필요해요. 그렇지 않으면…."

"그렇지 않으면?"

그다음 이어지는 말에서 조르바의 인생관이 드러난다.

"…감히 자신을 묶은 밧줄을 잘라내 자유로워질 엄두조차 내지 못하죠."

바실은 자리에서 일어나 완전히 다른 사람처럼 조르바에게 춤을 가르쳐달라고 한다. 열정적으로 인생을 살고 위험을 무릅쓸 필요가 있음을 깨달은 것이다. 현재를 잡아야 한다는 것을. 그렇게 하지 않는다면 인생에 몹쓸 죄악을 저지르게 된다는 것을.

조르바의 말은 좋은 삶을 찾으려는 사람들에게 줄 수 있는 가장 훌륭한 메시지다. 우리는 대부분 억압과 두려움에 사로잡힌 채 살아간다. 밧줄을 잘라 자유로워지고 싶은가? 그렇다면 실험정신을 발휘해 내면에 자리한 광기를 찾아야 한다. 그렇다, 지금 당장.

***단강** 강괴나 강편을 고온으로 가열하고 프레스·해머 등을 이용해 두들기거나 압력을 가하는 방법으로 만들어진 강. 각종 차량, 선박 등의 부품에 이용된다.

더 찾아보면 좋은 자료들

1. 시작하며 : 성취감이 아니면 죽음을!

스터즈 터클Studs Terkel의 구술사 저작《일》은 성취감과 직업의 가능성을 탐구해보기에 좋은 출발점이다. 이 책에는 은행직원부터 이발사에 이르기까지 노동자들의 일상과 그 의미가 담겨 있다.

직업 진로를 바꾸는 데 따르는 도전과 불안에 관련된 실제 경험담을 모아놓은 포 브론슨Po Bronson의《천직 여행》을 읽어보는 것도 좋다. 1969년에 제작된 다큐멘터리 '세일즈맨'에는 미국 전역의 저소득 가정을 돌며 비싼 성서를 파는 세일즈맨들이 등장한다. 성취감을 얻을 직업을 찾는 사람이라면 끊임없이 거절당하고 향수병과 피로에 시달리는 그들의 모습을 통해 값진 교훈을 배울 수 있다.

2. 천직을 찾기는 왜 이렇게 어려운가?

리처드 던킨Richard Donkin의《피 땀 눈물 : 노동은 어디로 진화하는가?》는 노동의 역사를 한눈에 볼 수 있는 가장 훌륭한 참고도서다. 시어도어 젤딘Theodore Zeldin의《인간의 내밀한 역사》는 모든 문화를 아우르며 인간관계의 역사를 다룬 저서로, 과거가 오늘날의 노동은 물론 사랑과 시간에 관한 우리의 사고방식에 어떤 영향을 미쳤는지 잘 보여준다. 배리 슈워츠의《선택의 심리학》은 직업 진로의 변경이 커다란 혼란을 가져다주는 이유를 실용적으로 통찰한다. TED 홈페이지www.ted.com에서 'A Kinder, Gentler Philosophy of Success'를 검색하면 철학자 알랭 드 보통Alain de Botton이 성공과 실패에 관한 문화적 사상의 유전에 대해 위트 있게 전하는 강연을 들을 수 있다.

아울러 MBTI 검사에 대해 좀 더 자세한 내용을 알고 싶으면 데이비드 피텐저의 비평〈MBTI 검사, 그리고 실패Measuring the MBTI… And Coming Up Short〉를 참조하기 바란다. (www.indiana.edu/~jobtalk/Articles/develop/mbti.pdf)

3. 무엇이 당신을 일하게 하는가?

올리버 제임스Oliver James의《어플루엔자》는 돈과 소유물을 획득하는 데 지나치게 높은 가치를 두고 타인의 시선에 목을 매는 행태에 대해 분석하고 있다. 올리버 스톤Oliver Stone의 영화 '월스트리트'는 투식 투자자 고든 게코라는 인물을 통해 같은 주제를 다루었다.

기업에 윤리의식을 도입한 더바디샵의 창업자 아니타 로딕의 이야기는 그녀의 자서전《영적인 비즈니스》에서 만날 수 있다. 한 가지만 파고드는 전문가가 아니라 여러 분야에 다양하게 도전해서 성취하고 싶은 사람이라면 찰스 니콜Charles Nicholl이 쓴《레오나르도 다 빈치 평전》을 꼭 읽어보기 바란다.

4. 먼저 행동하고 나중에 고민하라

리처드 세넷이 쓴《신자유주의와 인간성의 파괴》는 현대의 노동 개념에 대한 묵상과 함께 심리적, 사회적 위험에 관해 논하는 훌륭한 책이다. 조직행동학 교수 헤르미니아 이바라의《워킹 아이덴티티Working Identity》에는 직업 재창조의 원칙이 요약돼 있으며, 직업 진로 변경의 고정관념을 깨뜨려주는 데도 효과적이다. 수많은 사례 연구 분석을 토대로 쓰인 이 책은 천직을 찾는 방법을 다룬 가장 훌륭한 학술서라 하겠다. 미하이 칙센트미하이가 몰입 경험에 관해 저술한 수많은 저서 중에는《몰입, FLOW》를 가장 추천할 만하다.

영화 '아메리칸 뷰티'는 존재의 의미를 찾으려고 광고회사를 그만둔 아버지를 비롯해 인생의 변화를 위한 선택을 내리는 가족들의 이야기가 담겨 있다. 정치평론가 조지 몬비오George Monbiot가 전하는 진로 선택에 관한 불멸의 조언, 〈Choose Life〉를 읽어보는 것도 도움이 될 것이다. (www.monbiot.com/archives/2000/06/09/choose-life/)

5. 당신의 일은 속박인가, 자유인가?

콜린 워드의《아나키즘, 대안의 상상력》은 노동에서 자유를 찾고자 하는 사람들을 위한 절대적인 지침서로서 자격이 충분하다. 존 윌리엄스의《일하지 말고 플레이하라》는 프리랜서의 세계에서 살아남을 수 있는 실용적인 팁으로 가득하다. 버트런드 러셀의 에세이《게으름에 대한 찬양》을 읽는 것은 노동윤리를 버리는 가장 좋은 방법이 될 것이다. 19세기의 자연주의자 데이비드 소로가 쓴《월든》은 소박한 삶을 서정적으로 그려냈다. 이보다 좀 더 현실적인 조언을 원한다면 조 도밍후에즈와 비키 로빈Vicki Robin의《돈 사용설명서》를 참고하라.

로잘린드 마일스Rosalind Miles가 쓴《여성의 세계사Women's History of the World》와 시몬느 드 보부아르의《제2의 성》에는 노동자로서 여성의 역할이 잘 나타나 있다. 1979년작 '크레이머 대 크레이머'는 일과 가정 사이에서 고군분투하는 주인공을 감동스럽게 그리고 있다.

6. 마치며 : 찾는 게 아니라 키워가는 것

마리 퀴리의 딸 이브 퀴리Eve Curie가 쓴 전기《퀴리 부인Madame Curie》에는 마리 퀴리의 일과 과학 실험에 관한 이야기가 들어 있다. 영화 '그리스인 조르바'는 작은 그리스 섬을 배경으로 열정적인 알렉시스 조르바와 고루한 영국계 청년 바실의 이야기를 보여준다. 조르바는 바실에게 사람은 광기가 없으면 감히 자신을 묶은 밧줄을 잘라내 자유로워질 엄두조차 내지 못한다는 대사를 통해 위험을 무릅써야 할 필요성을 가르쳐준다. 나의 책《원더박스The Wonderbox: Curious Histories of How to Live》에서는 직업을 선택할 때뿐 아니라 인생의 모든 결정을 내릴 때 모험정신을 발휘하고 사랑하는 직업을 찾는 방법을 배울 수 있다.

주註

Chap 1

1. Thomas, Keith, The Ends of Life: Roads to Fulfilment in Early Modern England, Oxford: Oxford University Press, 2009, p.8.
2. www.opp.eu.com/SiteCollectionDocuments/pdfs/dream-research.pdf; http://news.bbc.co.uk/1/hi/world/americas/8440630.stm
3. www.statistics.gov.uk/articles/labour_market_trends/jobmobility_nov03.pdf, p.543.
4. Svendsen, Lars, Work, Stocksfield: Acumen, 2008, p.5.
5. Batchelor, Stephen, Buddhism Without Beliefs: A Contemporary Guide to Awakening, London: Bloomsbury, 1998, p.25.
6. Burckhardt, Jacob, The Civilization of the Renaissance in Italy, Oxford and London: Phaidon, 1945, p.81; Greenblatt, Stephen, Renaissance Self-Fashioning: From More to Shakespeare, Chicago: University of Chicago Press, 2005, p.2; Krznaric, Roman, The First Beautiful Game: Stories of Obsession in Real Tennis, Oxford:

Ronaldson Publications, 2006, chapter 11.

Chap 2

7. www.careerplanner.com/ListOfCareers.cfm.

8. Franklin, Benjamin, Autobiography and Other Writings, Oxford: Oxford University Press, 1998, pp.9.14.

9. Marx, Karl, The Marxist Reader, ed. Emile Burns, New York: Avenel Books, 1982, pp.273.274.

10. Miles, Rosalind, The Women's History of the World, London: Paladin, 1989, p.191.

11. Hobsbawm, Eric, The Age of Revolution 1789.1848, New York: Vintage, 1996, pp.189.194.

12. www.bls.gov/mlr/1999/12/art1full.pdf; www.voxeu.org/index/php?q=node/3946.

13. Miles, Rosalind, The Women's History of the World, p.271.

14. Schwartz, Barry, The Paradox of Choice: Why Less Is More, New York: Harper Perennial, 2005, pp.2, 9.10, 221.

15. Ibid. pp.9.10, 24.25; http://www.ted.com/talks/barry_schwartz_

on_the_paradox_of_choice.html.

16. Ibid. pp.118.119, 140.141.
17. Ibid. pp.221.227.
18. www.cambridgeassessment.org.uk.
19. world-countries.net/archives/2218.
20. Schwartz, Barry, The Paradox of Choice: Why Less Is More, pp. 72.73.
21. Ibid. 149.150.
22. Pope, Mark, 'A Brief History of Career Counselling in the United States', The Career Development Quarterly, Vol.48, No.3, 2000, p.196.
23. Parsons, Frank, Choosing a Vocation, Boston, Houghton Mifflin, 1909, pp.21.22, 27.31.
24. Ibid. pp.133.136.
25. Hershenson, David B., 'A Head of Its Time: Career Counselling's Roots in Phrenology', Career Development Quarterly, Vol.57, No.2, 2008, pp.181. 190; Lindqvist, Sven, The Skull Measurer's Mistake, New York: New Press, 1997; www.archive.org/stream/systemof-

phrenolo00combuoft#page/n7/mode/2up.

26. Bjork, Robert A. and Daniel Druckman, In the Mind's Eye: Enhancing Human Performance, Washington: National Academies Press, 1991, pp.99.100; Gregory, Robert J., Psychological Testing: History, Principles, Applications, 4th edn, Boston: Pearson, p.524; Hunsley, John, Catherine M. Lee and James M. Wood, 'Controversial and Questionable Assessment Techniques' in Scott O. Lilienfield, Steven Jay Lynn and Jeffrey M. Lohr (eds), Science and Pseudoscience in Clinical Psychology, New York: The Guilford Press, 2003, pp.61.64; Boyle, Gregory, 'Myers.Briggs Type Indicator (MBTI): Some Psychometric Limitations', Bond University Humanities and Social Sciences Papers, No.26, 1995; McCrae, Robert and Paul Costa Jr, 'Reinterpreting the Myers.Briggs Type Indicator From the Perspective of the Five-Factor Model of Personality', Journal of Personality, Vol.57, No.1, 1989, pp.17.40.

27. Pittenger, David, 'Cautionary Comments Regarding the Myers.BriggsType Indicator', Consulting Psychology Journal: Practice

and Research, Vol.57, No.3, 2005, p.214.

28. Ibid; Boyle, Gregory, 'Myers.Briggs Type Indicator (MBTI): Some Psychometric Limitations', Bond University Humanities and Social Sciences Papers, No.26.

29. Hunsley, John, Catherine M. Lee and James M. Wood, 'Controversial and Questionable Assessment Techniques' in Scott O. Lilienfield, Steven Jay Lynn and Jeffrey M. Lohr (eds), Science and Pseudoscience in Clinical Psychology, p.62; McCrae, Robert and Paul Costa Jr, 'Reinterpreting the Myers.Briggs Type Indicator From the Perspective of the Five-Factor Model of Personality', Journal of Personality, Vol.57, No.1, 1989, p.20.

30. OPP Unlocking Potential, MBTI Step 1 Question Book, European English edn, Oxford: OPP, 1998, p.1; OPP Unlocking Potential, Introduction to Type and Careers, European English edn, Oxford: OPP, 2000, p.26.

31. Pittenger, David, 'Measuring the MBTI… And Coming Up Short', Journal of Career Planning and Placement, Vol.54, pp.48.53; Pittenger, David, 'Cautionary Comments Regarding the

Myers.Briggs Type Indicator', Consulting Psychology Journal: Practice and Research, Vol.57, No.3, pp. 211, 217; personal communication with David Pittenger, 5/9/11. 또한 다음 자료도 참조하면 유용하다. Hunsley, John, Catherine M. Lee and James M. Wood, 'Controversial and Questionable Assessment Techniques' in Scott O. Lilienfield, Steven Jay Lynn and Jeffrey M. Lohr (eds), Science and Pseudoscience in Clinical Psychology, p.63; Bjork, Robert A. and Daniel Druckman, In the Mind's Eye: Enhancing Human Performance, pp.99.101.

32. Ibarra, Herminia, Working Identity: Unconventional Strategies for Reinventing Your Career, Boston: Harvard Business School Press, 2004, pp.35.37.

Chap 3

33. Argyle, Michael, The Social Psychology of Work, London: Penguin, 1989, pp. 99.101.

34. Layard, Richard, Happiness: Lessons from a New Science, London: Allen Lane, 2005, pp.32.33; 좀 더 최근의 자료가 궁금하다면 다음 사이

트를 방문해보라.

www.pnas.org/content/107/38/16489.full.pdf+html?sid=aac48a0b-d009-4ce6-8c14-7f97c5310e15.

35. Seligman, Martin, Authentic Happiness: Using the New Positive Psychology to Realize Your Potential for Lasting Fulfillment, Nicholas Brealey, 2002, p.49; James, Oliver, Affluenza: How to be Successful and Stay Sane, London: Vermilion, 2007, p.52.

36. Gerhardt, Sue, The Selfish Society: How We All Forgot to Love One Another and Made Money Instead, London: Simon & Schuster, 2010, pp.32.33.

37. www.guardian.co.uk/money/2011/jul/15/happiness-work-why-counts; www.theworkfoundation.com/assets/docs/publications/162_newwork_goodwork.pdf.

38. Schwartz, Barry, The Paradox of Choice: Why Less Is More, p.190.

39. Rousseau, Jean-Jacques, A Discourse Upon The Origin And The Foundation Of The Inequality Among Mankind, 1754, http://www.gutenberg.org/files/11136/11136.txt.

40. Lewis, Clive Staples, 'The Inner Ring', 1944, www.lewissociety.org/innerring.php.
41. Sennett, Richard, The Corrosion of Character: The Personal Consequences of Work in the New Capitalism, New York: Norton, 2003, p.3.
42. Arendt, Hannah, The Human Condition, Chicago: University of Chicago Press, 1989, p.18.19; Csikszentmihalyi, Mihaly, Flow: The Classic Work on How to Achieve Happiness, London: Rider, 2002, p.218.
43. Gardner, Howard, Mihaly Csikszentmihalyi and William Damon, Good Work: When Excellence and Ethics Meet, New York: Basic Books, 2001, pp.ix, 5.
44. Singer, Peter, How Are We To Live? Ethics in an Age of Self-interest, Oxford: Oxford University Press, 1997, pp.255.258.
45. Roddick, Anita, Business As Unusual: My Entrepreneurial Journey, Profits With Principles, Chichester: Anita Roddick Books, 2005, p.37.
46. Ibid. pp.83, 96, 122, 157, 179, 205.

47. www.satyamag.com/jan05/roddick.html.

48. Roddick, Anita, Business As Unusual: My Entrepreneurial Journey, Profits With Principles, pp.18, 92, 246.

49. Krznaric, Roman, The First Beautiful Game: Stories of Obsession in Real Tennis, pp.72.84.

50. Quoted in Williams, John, Screw Work, Let's Play: How to do what you love and get paid for it, Harlow: Prentice Hall, 2010, p.3.

51. Saul, John Ralston, Voltaire's Bastards: The Dictatorship of Reason in the West, London: Sinclair Stevenson, 1992, p.474; Zeldin, Theodore, An Intimate History of Humanity, London: Minerva, 1995, pp.197.198.

52. Csikszentmihalyi, Mihaly, Flow: The Classic Work on How to Achieve Happiness, p.155.

53. Ibarra, Herminia, Working Identity: Unconventional Strategies for Reinventing Your Career, p.xi.

54. Quoted in Nicholl, Charles, Leonardo da Vinci: The Flights of the Mind, London: Penguin, 2005, p.7.

55. Cameron, Julia, The Artist's Way: A Course in Discovering and Recovering Your Creative Self, London: Pan, 1995, p.39; Williams, John, Screw Work, Let's Play: How to do what you love and get paid for it, p.37.

Chap 4

56. www.opp.eu.com/SiteCollectionDocuments/pdfs/dream-research.pdf.

57. Quoted in Sennett, Richard, The Corrosion of Character: The Personal Consequences of Work in the New Capitalism, p.82.

58. Seligman, Martin, Authentic Happiness: Using the New Positive Psychology to Realize Your Potential for Lasting Fulfilment, pp.30.31; Csikszentmihalyi, Mihaly, Flow: The Classic Work on How to Achieve Happiness, p.169.

59. Ibarra, Herminia, Working Identity: Unconventional Strategies for Reinventing Your Career, pp.xii, 16, 18, 91.

60. Ibid. p.45.

61. Ibid. p.113.120.

62. Csikszentmihalyi, Mihaly, Beyond Boredom and Anxiety: Experiencing Flow in Work and Play, San Francisco: Jossey-Bass, 2000, pp.35.36, 132, 137; Csikszentmihalyi, Mihaly, Flow: The Classic Work on How to Achieve Happiness, p.4.
63. Ibid. pp.48.67.
64. Ibid. p.152.

Chap 5

65. Schumacher, E.F., Good Work, London: Abacus, 1980, p.50.
66. www.theworkfoundation.com/assets/docs/publications/162_newwork_goodwork.pdf, p.29.
67. Fromm, Erich, Fear of Freedom, London: Routledge, 1960, pp.19.20, 85.
68. Ward, Colin, Anarchism: A Very Short Introduction, Oxford: Oxford University Press, 2004, p.49; www.guardian.co.uk/money/2011/jul/15/happiness-work-why-counts.
69. Ward, Colin, Anarchy in Action, London: Freedom Press, 1996,

pp.94.5.

70. www.fsb.org.uk/policy/images/2011%2004%20self%20employment%20one%20page%20briefing.pdf; www.theworkfoundation.com/assets/docs/publications/145_Joy_of_Work.pdf, p.14.

71. Quoted in, Williams, John, Screw Work, Let's Play: How to do what you love and get paid for it, p.1.

72. Krakauer, Jon, Into the Wild, London: Pan Books, 2007.

73. www.guardian.co.uk/money/2000/oct/01/workandcareers.madeleinebunting2.

74. Robinson, Bryan, Chained to the Desk: A Guidebook for Workaholics, Their Partners and Children, and the Clinicians Who Treat Them, New York: New York University Press, 2001.

75. Russell, Bertrand, In Praise of Idleness and Other Essays, London: Unwin, 1976.

76. www.workfoundation.com/assets/docs/publications/177_About%20time%20for%20change.pdf, p.5.6.

77. Lerner, Steve, Eco-Pioneers: Practical Visionaries Solving Today's

Environmental Problems, Boston: MIT Press, 1998, pp.71.72;
Dominguez, Joe and Vicki Robin, Your Money or Your Life:
Transforming Your Relationship with Money and Achieving Financial
Independence, New York: Penguin, 1999.

78. De Beauvoir, Simone, The Second Sex, Harmondsworth: Penguin, 1972, pp.689.690, 703.

79. Nicolson, Paula, Having It All? Choices for Today's Superwoman, Chichester: John Wiley, 2002, pp.19, 155.

80. www.stayathomedads.co.uk/news.html

81. www.guardian.co.uk/money/2011/jul/19-norway-dads-paternity-leavechemin

82. Quoted in Nicolson, Paula, Having It All? Choices for Today's Superwoman Nicolson, pp.12.13.

83. Ibid. pp.140, 142.

84. Folbre, Nancy, Who Pays for the Kids? Gender and the Structures of Constraint, London: Routledge, 1994, pp.2.3; http://www.legalandgeneralgroup.com/media-centre/press-releases/2011/group-news-release-876.html;

www.sociology.leeds.ac.uk/assets/files/research/circle/valuing-carers.pdf.

Chap 6

85. Quoted in Thomas, Keith, The Ends of Life: Roads to Fulfilment in Early Modern England, p.vii.
86. Quoted in Meilaender, Gilbert C., Working: Its Meaning and Its Limits, Notre Dame: University of Notre Dame Press, 2000, p.107.
87. Frankl, Victor, Man's Search for Meaning: An Introduction to Logotherapy, London: Hodder and Stoughton, 1987, pp.107, 110.
88. Csikszentmihalyi, Mihaly, Flow: The Classic Work on How to Achieve Happiness, pp.217.218.
89. Curie, Eve, Madam Curie, London: William Heinemann, 1938, p.134.
90. Ibid. p.113.
91. Ibid. pp.150.151, 162.163.
92. Bronson, Po, What Should I Do With My Life: The True Story of

People Who Answered the Ultimate Question, London: Vintage, 2004, pp.291.292.

지은이

로먼 크르즈나릭 Roman Krznaric

작가이자 문화사상가. '인생학교' 창립 멤버이자 교수다. '일'에 관해 가르치고 있으며, 〈옵저버 Observer〉 지로부터 '영국 최고의 라이프스타일 사상가'라 칭송받았다. UN을 비롯한 다수의 국제기구와 영국의 국제개발 NGO 옥스팜 Oxfam 등의 기관을 상대로 사회적 변화를 만들어내는 공감과 대화에 대해 자문해주고 있다.

옮긴이

정지현

충남대학교 자치행정과를 졸업한 후 현재 번역에이전시 하니브릿지에서 전문 번역가로 활동하고 있다. 옮긴 책으로 《오페라의 유령》, 《우체부 프레드 2 : 업그레이드 편》, 《감사》, 《아이언맨》, 《주식투자, 심리학에 길을 묻다》, 《엄마의 뇌》, 《돈을 잘 쓰는 방법 8가지 : 풍요로운 인생을 위한 돈 관리의 지혜》, 《대화의 심리학》, 《진짜 나를 알아보는 100가지 셀프테스트》, 《내게 도움을 준 모든 것》, 《어른이 되기 위해 알아야 할 100가지》, 《세계의 나라들 – 프랑스》, 《내 아버지를 위한 질문》 등 다수가 있다.

인생학교 시리즈 각 권 소개

인생학교 | 섹스 | 알랭 드 보통
섹스에 대해 더 깊이 생각해보는 법 How to think more about sex

'섹스'에 관해서 자신이 완벽하게 '정상'이라고 생각하는 사람이 있을까? 현대인의 섹스는 왜 이렇게 어렵고 혼란스러울까? 과연 우리가 모르고 있는 모든 섹스의 리얼리티는? 사랑과 연애에 관한 이 시대 최고의 현자 알랭 드 보통이 알려주는 모든 섹슈얼리티의 딜레마! 사랑과 욕망, 모험과 헌신 사이에서, 21세기적 섹스는 어떻게 균형을 잡을 것인가?

인생학교 | 돈 | 존 암스트롱
돈에 관해 덜 걱정하는 법 How to worry less about money

당신은 돈이 많은가, 적은가? 돈에 집착하는가, 아니면 무관심한가? 문제는 돈과 어떤 관계를 맺느냐다. 돈과 인생, 행복에 관한 매우 놀랍고 새로운 인사이트! 돈에 대한 제대로 된 개념정립과 철학적 고찰이 필요한 시대! 돈에 관한 본능적인 부정, 갈망과 두려움의 실체는 무엇일까? 돈은 사랑, 섹스, 인간관계에 어떤 영향을 줄까?

인생학교 | 일 | 로먼 크르즈나릭
일에서 충만함을 찾는 법 How to find fulfilling work

일이란 무엇인가? 우리는 왜 일을 하며, 일에서 얻는 성취감의 정체는 무엇인가? 인생에서 일이 갖는 가치와 의미, 위상에 관한 가장 근사하고 명쾌한 대답! 이 책은 의미를 찾고 기꺼이 몰입하는 가운데 자유를 느낄 수 있는 일을 찾는 방법을 제시한다. 일에서 성취감을 느끼고 싶은가? 그런 일을 찾아 변화를 시도하고 싶은가? 이 책에 담긴 혜안과 성찰이 당신에게 '천직'에 이르는 길을 보여줄 것이다.

인생학교 | **정신** | 필립파 페리
온전한 정신으로 사는 법 How to stay sane

누구나 종종 우울해지거나, 감정이 폭발하고, 망상에 사로잡혀 '내가 미쳤나?' 하고 걱정한다. 어마어마한 스트레스가 일상이 된 현대인의 위태로운 정신세계! 이 책은 매우 간단하고 현실적인 방법으로 '마음 탐험'을 안내한다. 다양한 심리치유 기법, 지노그램, 명상, 호흡, 대화법 훈련 등을 통해 인생에서 벌어지는 다양한 사건들에 안정적이고 유연하게, 그리고 일관성 있게 대처하도록 돕는다.

인생학교 | **세상** | 존 폴 플린토프
작은 행동으로 세상을 바꾸는 법 How to change the world

세상을 바꾸는 일은 대체 누가 하는 걸까? 그것은 바로 당신이다. 역사의 흐름을 바꾸는 혁명이나 저항은 결국 개개인의 작은 참여와 실천에서 시작되지 않았던가! 이 책은 역사와 정치에서 뽑아낸 매우 새롭고 신선한 통찰을 현대인의 삶과 결합시켜, 패배주의를 극복하는 법부터 198가지 비폭력 저항운동까지, 누구라도 지금 당장 실천할 수 있는 '행동'들을 알려준다.

인생학교 | **시간** | 톰 체트필드
디지털 시대에 살아남는 법 How to thrive in the digital age

당신의 스마트 기기의 노예인가 주인인가? 디지털 시대의 속도와 밀도 속에서 깊이 있는 삶은 지속될 수 있는가? 계속 이렇게 살아도 삶의 본질을 놓치지 않고, 정체성과 자존감을 지킬 수 있을까? 이 책은 디지털 시대의 소통, 적응, 생존에 관해 본격 해부했다. 사회 각 분야에 걸쳐 어떻게 해야 인간다움을 잃지 않을지, 미래에 우리가 어떤 방식으로 존재해야 하는지에 대한 깊이 있는 통찰을 제시한다.

THE SCHOOL OF LIFE How to Find Fulfilling Work